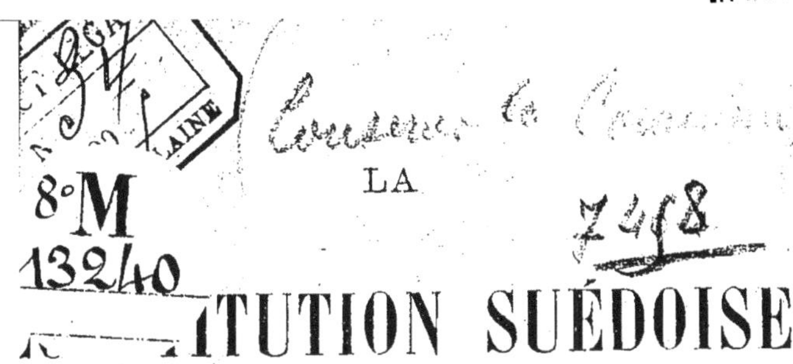

LA

…ITUTION SUÉDOISE

ET

LE PARLEMENTARISME MODERNE

PAR

Pontus FAHLBECK

PROFESSEUR A L'UNIVERSITÉ DE LUND

PARIS
ALPHONSE PICARD ET FILS, LIBRAIRES-ÉDITEURS
82, RUE BONAPARTE, 82

—

1905

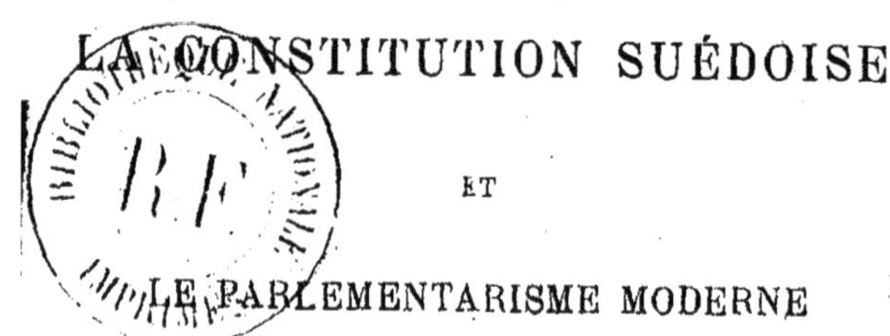

LA CONSTITUTION SUÉDOISE

ET

LE PARLEMENTARISME MODERNE

LA

CONSTITUTION SUÉDOISE

ET

LE PARLEMENTARISME MODERNE

PAR

Pontus FAHLBECK

PROFESSEUR A L'UNIVERSITÉ DE LUND

PARIS
ALPHONSE PICARD ET FILS, LIBRAIRES-ÉDITEURS
82, RUE BONAPARTE, 82

1905

AVANT-PROPOS

Nous avons jugé bon de faire suivre notre exposé de la Constitution suédoise d'une revue générale des autres formes d'État modernes. Ce procédé nous a paru nécessaire pour mettre le lecteur en état de bien juger du caractère spécial de la Constitution qui s'est développée en Suède sous l'influence des faits historiques et des enseignements qu'ils contenaient.

Il va sans dire qu'en exposant à grands traits les constitutions des autres États, l'auteur ne donne guère d'indications qui ne se retrouvent dans les grands ouvrages bien connus de Gneist, de Franqueville, de Todd, de Holst, de Bryce et autres. C'est seulement dans l'arrangement et dans la confrontation des faits connus qu'il espère offrir quelque chose de nouveau ; c'est là qu'on pourra trouver, sur la nature des constitutions aussi bien que sur les diverses formes d'État et leurs rapports mutuels, une théorie assez différente des opinions généralement reçues.

Lund, janvier 1905.

P. Fahlbeck.

TABLE DES MATIÈRES

I

LA CONSTITUTION SUÉDOISE

II

LE PARLEMENTARISME EN SUÈDE ET DANS LES AUTRES PAYS

I

LA CONSTITUTION SUÉDOISE

CHAPITRE PREMIER

Constitutions doctrinaires et Constitutions historiques. Constitutions codifiées et non codifiées.

Si nous mettons à part les régimes absolutistes qui survivent encore en Russie et en Turquie, nous constatons que les constitutions actuelles sont, à très peu d'exceptions près, de date récente. La plupart d'entre elles sont apparues en Europe comme conséquence de la Révolution française et des Révolutions de 1830 et de 1848 qui en dérivent. En Amérique, les États-Unis, — nés eux-mêmes aux alentours de 89, — ont fourni le prototype que tous les grands États du Nouveau Monde se sont appliqués à reproduire. Ainsi donc, les plus anciennes de toutes ces constitutions n'ont pas beaucoup plus d'un siècle d'existence et la plupart n'ont que la moitié de cet âge. A côté de cela, nous ne trouvons, à proprement parler, que deux pays qui possèdent des constitutions d'origine ancienne : ce sont l'Angleterre et la Suède ; car la Hongrie et la Suisse, qui ont chacune derrière elle une longue vie constitutionnelle, ont vu, en 1848 et plus tard, leur régime gouvernemental profondément modifié et transformé d'après des idées modernes.

Ce qui distingue les constitutions du premier et du plus important de ces deux groupes, c'est — outre leur jeunesse, — leur caractère éminemment doctrinaire. Sans doute, elles ont eu pour point de départ immédiat des besoins fortement ressentis à un moment donné, et ces besoins se trouvaient naturellement à la base du mouvement populaire dont la constitution fut une conséquence. Mais pour créer celle-ci, la nation ne prit pas conseil d'expériences personnelles acquises dans le passé, — tout simplement parce que de telles expériences faisaient défaut en matière constitutionnelle ; elle s'inspira seulement de l'état de choses existant et des idées politiques de l'époque. Ce sont, avant tout, les systèmes politiques et les théories sur la forme idéale d'un gouvernement qui ont imprimé à ces constitutions leur caractère particulier. Elles ont été construites suivant un schéma tout prêt, que le système choisi pour modèle fût celui de Montesquieu ou celui du parlementarisme anglais, ou un autre.

Il en va tout différemment des constitutions de

l'Angleterre et de la Suède. On ne trouve derrière elles ni théories d'aucune sorte, ni modèles importés du dehors. Elles sont, d'un bout à l'autre, les produits d'une expérience nationale recueillie au cours de plusieurs siècles. Pour ce qui est de l'Angleterre, c'est là un fait généralement connu et qui n'a pas besoin d'être exposé ici. Mais que le cas soit le même pour la Suède, c'est ce qu'on ignore complètement au-delà des frontières de ce pays. On trouvera une explication de cette ignorance si l'on réfléchit que la constitution suédoise, — différente en cela de la constitution anglaise, — a été codifiée à une époque relativement tardive dans quelques « lois fondamentales ». Mais ces « lois fondamentales » (*grundlagar*) et particulièrement la plus importante d'entre elles, savoir la loi constitutionnelle de 1809, ne sont pas autre chose que la mise en formules et le résumé pur et simple des expériences politiques faites dans les siècles précédents. Nous le démontrerons tout à l'heure plus en détail. Pour le moment, bornons-nous à noter que les constitutions de cette espèce, qui sont des constitutions historiques au sens propre de ce mot, ne peuvent être bien comprises qu'à la lumière de l'histoire. Car chacune de leurs prescriptions et chacun de leurs paragraphes sont la transcription juridique d'un événement historique. C'est pourquoi l'exposé qui va suivre de la constitution suédoise aura pour introduction un aperçu général de toute l'histoire intérieure de la Suède.

Une autre différence, — celle-ci plus formelle, — entre les constitutions modernes porte sur leur aspect extérieur, sur leur rédaction en documents et en lois. Toutes, excepté celles de l'Angleterre et de la Hongrie, sont rassemblées dans une ou quelques chartes de date récente. C'est le cas pour la Suède d'aujourd'hui ainsi que pour la Suède d'autrefois : car avant la Constitution de 1809, et bien avant qu'aucun autre peuple songeât à rédiger des chartes constitutionnelles, la Suède en possédait déjà. Les plus anciens de ces documents, qui ne contiennent, il est vrai, que des fragments de constitution, se retrouvent dans les vieilles lois provinciales dont les premières rédactions connues datent du XIIIe siècle et de la première moitié du XIVe. En revanche, nous avons une constitution parfaitement élaborée dans le Code Général (*Allmänna Landslagen*) qui fut publié sous le roi Magnus Eriksson vers l'an 1350 (probablement en 1347) et de nouveau sanctionné, en 1442, par le roi Kristoffer[1].

1. En dehors du droit public concernant tout le royaume, cette *Allmänna Landslag* de 1347 contient seulement les

Cette ancienne loi constitutionnelle est remarquable à beaucoup de points de vue. Tout d'abord, parce qu'elle se trouve jointe à la loi civile et criminelle et forme avec celle-ci un seul et même Code. Les Suédois de ce temps ramenaient à l'unité le droit privé et le droit public. La Constitution de 1350 se distingue en outre par ses efforts pour être complète et systématique. Dans des chapitres spéciaux (*balkar*), elle légifère aussi bien sur les questions relatives aux classes sociales, aux « états », que sur la constitution proprement dite dont elle examine les divers éléments : le roi, le peuple, le Conseil, définissant les droits et les obligations réciproques. De même, la législation et le système des impôts sont traités en passant. En un mot, c'est toute l'organisation de l'État du moyen âge que nous avons là devant nous, complètement codifiée.

Ce texte, contenant la première constitution suédoise détaillée, demeura, malgré les nombreuses innovations survenues par la suite, la

prescriptions de droit privé et d'organisation judiciaire applicables aux campagnes. — Pour les villes fut édictée en 1357 une loi municipale spéciale (*Stadslag*) qui renferme le droit privé et l'organisation judiciaire des cités. — La nouvelle édition de l'*Almänna Landslag* publiée en 1442 par le roi Kristoffer reproduit à peu près dans les mêmes termes la première.

véritable loi fondamentale du royaume jusqu'à la fin du XVIIe siècle. Parmi les innovations, il faut signaler au moyen âge : les capitulations imposées à chaque roi ; plus tard (à partir de 1544), les lois successorales (*Arfföreningar*) qui déterminèrent dans les différentes maisons royales les droits de l'hérédité au trône ; puis la loi organique du Riksdag promulguée par Gustave-Adolphe en 1617 ; la « Forme de gouvernement » (*Regeringsform*) de 1634, qui donna une organisation nouvelle à l'administration supérieure du royaume (ajoutons-y l'acte additionnel de 1660) ; enfin les privilèges des classes publiés à différentes occasions (1569, 1612, etc.). Plusieurs de ces nouvelles lois et conventions vinrent compléter et mettre au courant des exigences nouvelles les chapitres relatifs à la Constitution ; d'autres, comme les lois de succession, annulaient en fait les dispositions correspondantes contenues dans la Constitution. On les laissa cependant subsister, et l'on continua du reste à regarder l'ancien Code comme contenant la constitution légale du royaume, jusqu'à l'époque où Charles XI réclama des états et obtint une interprétation des statuts relatifs au Conseil (1680) et à la législation (1682) ; en fait, l'interprétation nouvelle détruisait complètement l'équilibre jusque-là observé dans la répartition des pouvoirs et établissait le régime de l'absolutisme. Quand celui-ci fut renversé à son tour, en 1719, on élabora de nouvelles lois constitutionnelles : ce furent la Constitution de 1719, doublée par celle de 1721, et la loi de 1723 sur l'organisation du Riksdag. Ces lois constitutionnelles furent maintenant séparées de la loi civile, qui reçut, en 1734, sa rédaction indépendante dans une loi générale confirmée la même année ; elles prirent donc désormais une forme tout à fait moderne, ne comprenant que le droit public en vigueur, à l'exception des privilèges. Tel fut aussi le but poursuivi par la constitution que rédigea Gustave III, en 1772, et par son complément limitatif, l'acte d'Union et de Sûreté de 1789.

Il ne faut donc pas s'étonner si la constitution de 1809, aussitôt introduite, fut codifiée en plusieurs lois détaillées. Le peuple suédois s'était accoutumé, dès le moyen âge, à voir sa constitution réunie dans quelques chartes ou portions de chartes spécialement rédigées à cet effet. On peut ajouter que ce procédé est incontestablement plus commode que le système suivi en Angleterre, où les statuts de la Constitution sont dispersés dans une série d'actes publics différents par la date et par l'importance. Mais ce que l'on gagne ainsi en clarté pratique est perdu pour la compréhension intime de la Constitution avec sa genèse, son développement, son esprit et son âme ; et ces inconvénients l'emportent de beaucoup sur les avantages qui résultent d'un maniement plus facile.

CHAPITRE II

Aperçu du développement de la Constitution depuis les origines jusqu'à 1809.

I

LA PLUS ANCIENNE CONSTITUTION SUÉDOISE

Le royaume de Suède est à l'origine la réunion de plusieurs royaumes[1]. Cette fusion des nombreux états partiels en un royaume unifié constitue le premier grand événement constitutionnel qui se présente à nous. Comment furent jetées les bases du nouvel État, c'est ce que nous savons seulement par d'obscures traditions légendaires. La saga nous raconte qu'Ingjald Illråda, roi d'Upsal, supprima par la violence ou la trahison tous les autres petits rois et confisqua leurs domaines à son profit. Ces événements doivent avoir eu lieu dans le courant du VIIe siècle. Nous ne savons pas comment furent réglées les rela-

1. Procope, qui écrivait vers l'an 550 après Jésus-Christ, en compte treize. Les sagas islandaises mentionnent également plusieurs royaumes.

tions entre le royaume conquérant et les royaumes conquis, mais à en juger d'après plusieurs indices, tout le changement consista en ce que le roi d'Upsal fut reconnu roi dans chacun des pays soumis, en héritant pour chacun d'eux de la situation et des droits particuliers du roi dépossédé. Aussi le changement à l'intérieur fut-il peu marqué ou même insensible, tandis qu'à l'extérieur le royaume uni se présentait désormais comme le grand « Empire des Suédois » (*Svia välde*). C'est seulement après l'extinction de l'ancienne dynastie royale vers 1060, c'est-à-dire au moment où la domination normande s'établit en Angleterre, que nous pouvons constater que la Suède est, au point de vue du droit, un État composé. En effet, nous voyons commencer alors une guerre qui devait durer plus de cent ans entre les différentes parties du royaume, et surtout entre les « Västgötar » ou Goths de l'Ouest et les « Uppsvear » ou Suédois du Nord. Cette lutte intérieure fut, il est vrai, soulevée au début par l'invasion du christianisme ; mais elle eut pour principal objet de décider quelle partie du royaume, en cas de vacance du trône, désignerait le roi commun. Après une longue période pendant laquelle les différents pays élisaient chacun leur roi, l'idée d'unité finit par triompher de l'esprit particulariste et on se mit d'accord de la façon que nous indique le texte célèbre de l'ancienne loi vestrogothique, datant de la première moitié du XIIIe siècle : « Les Svear, y est-il dit, possèdent le droit de choisir ou de déposer le roi. » En même temps on règle la date et les détails de l' « Eriksgata[1] », soit que cette cérémonie fameuse fasse maintenant sa première apparition, soit qu'elle ait été déjà pratiquée précédemment, ce qui est peut-être l'hypothèse la plus vraisemblable.

La phrase citée plus haut et qui a sans aucun doute la valeur d'un traité de paix mettant fin à des discordes séculaires, abandonna à l'un des anciens États confédérés le droit de décision dans la plus importante des questions communes, à savoir le droit de donner un roi au royaume quand besoin en serait.

Chose assez curieuse à constater, cette façon primitive d'organiser des affaires communes d'une union politique, a été encore adoptée de nos jours lorsque la Suède, comme fondatrice de l'union suédo-norvégienne, a pris en main et continue à diriger les affaires étrangères des deux nations.

Cependant le régime nouveau qu'on venait

1. On appelait « Eriksgatan » la tournée que le roi accomplissait dans les diverses parties de son royaume et au cours de laquelle il recevait les hommages de ses sujets.

d'introduire ne tarda pas à être échangé contre un système plus perfectionné qui donnait à toutes les provinces un droit égal de participation dans le choix d'un roi. Dans le Code Général de 1347, promulgué en vue d'abolir et de remplacer les lois particulières, il est décrété au second article du chapitre de la royauté qu' « en Suède il n'y aura pas plus d'une couronne ni plus d'un roi ». Par là, l'État composé est promu au rang d'État unitaire, et cette transformation persiste désormais, bien que pendant des siècles encore survivent dans le droit public et privé des souvenirs de l'ancienne pluralité. Notamment les assemblées provinciales (*landskapstingen*) disputèrent longtemps au Riksdag commun le droit de représenter le peuple. La dernière assemblée de ce genre eut lieu en 1679. Actuellement, les seules survivances de cette première forme de l'État suédois sont le titre de « roi de Svea et de Göta » attribué au roi de Suède, et la disposition contenue au § 57 de la Constitution, d'après laquelle le droit d'imposer des taxes est exercé par le Parlement seul[1].

J'ai voulu, en guise d'introduction, rappeler

1. D'après le texte primitif de 1809, le droit en question « est exercé seulement par les états du royaume dans le Riksdag commun », c'est-à-dire non plus comme autrefois dans les assemblées régionales et dans les provinces.

cette première transformation politique de l'État suédois, — point de départ de toute son évolution future, — afin de montrer quel est le sol où a germé et grandi la constitution de la Suède et d'indiquer sommairement les principes généraux qui ont présidé à son développement. Je vais maintenant esquisser à grands traits cette constitution elle-même, tout d'abord sous sa première forme à nous connue, et montrer ensuite comment la constitution actuelle est sortie historiquement de cette forme initiale.

Les premiers actes constitutionnels de la Suède sont les statuts royaux (*Konungabalkar*), parmi lesquels ceux de la coutume d'Uppland, — datant de 1296, — sont les plus anciens qui nous soient parvenus. D'après ces sources, on peut, sans difficulté, reconstruire dans ses traits essentiels la Constitution suédoise telle qu'elle se présentait avant qu'elle eût été pénétrée et en partie transformée par le catholicisme et par l'organisation des classes sociales au moyen âge. Les facteurs principaux de cette ancienne constitution sont : *le Roi* et *le Peuple*, celui-ci se composant de tous les propriétaires d'alleux en état de porter les armes et réunis par régions dans leurs assemblées ou « tings. » Un lien juridique est constitué par des *serments* que le roi prête au peuple et celui-ci au roi. Ces serments se renouvellent à chaque changement de règne, mais la royauté est héréditaire, et la succession au trône obéit d'ailleurs à des lois que nous ne connaissons pas très bien. Le rapport juridique exprimé dans les serments forme, conjointement avec les anciennes coutumes, le contenu matériel du droit public. Au roi revient, nous dit la loi d'Uppland, « le soin de présider aux affaires du pays, de diriger le royaume, d'affermir la loi et de maintenir la paix. » Il s'ensuivait dans les anciens temps que le roi pouvait convoquer son peuple à la guerre et diriger l'armée s'il le voulait, enfin il avait le droit de prélever les impôts fixés par la loi et de percevoir pour son compte les revenus des biens de la couronne (*Uppsala öd*) ainsi que le produit de certaines amendes. Il ne joue aucun rôle dans la législation générale et ne fait des lois que pour ses fonctionnaires et subalternes; mais il administre comme bon lui semble les impôts et les biens de la couronne, sans avoir cependant le droit d'aliéner ceux-ci ni de les amoindrir. Le peuple de son côté, ou plutôt les peuples des diverses régions règlent chacun pour soi le droit commun, sans la participation du roi et sous la direction d'un délégué spécial, le *lagman* (légiste, sénéchal), et la justice est administrée par son intermédiaire et par celui des juges (*häradshöfdingar*), élus comme lui et préposés à des territoires plus petits ; cependant le droit était réservé à chacun, semble-t-il, de s'adresser au roi en appel (« gä till kungs ») et d'en obtenir un jugement. Du reste, le peuple était tenu de payer les impôts fixés par la loi et de se rendre à la guerre sur la convocation royale. Le roi et le peuple veillaient en commun au maintien de la paix, bien que ce soin entrât de bonne heure dans les attributions particulières du roi.

Ce qu'il y a de caractéristique dans cette constitution, c'est que le roi et le peuple y apparaissent comme deux parties contractantes et que chacune a son lot bien délimité de droits et d'obligations.

Deux personnes juridiques se partageant le pouvoir politique d'après une loi supérieure à toutes les deux, — tel est le trait dominant de cette constitution. Et la loi elle-même qui règle les droits et les obligations réciproques, c'est-à-dire en d'autres termes le partage des pouvoirs, ne peut être modifiée que par le libre consentement des deux parties. C'est pourquoi la constitution présente dans sa forme l'aspect d'un contrat reposant uniquement sur des serments échangés et sur la confiance mutuelle. Quant à une institution veillant à l'observation de la foi jurée et au respect de la convention légale, il ne s'en trouvait pas. Mais on n'était pas pour cela complètement dépourvu de garanties. La loi reconnaissait le droit de résistance pour le cas où le roi violerait la Constitution ou porterait en quelque manière atteinte à la loi. Rappelons-nous que d'après la vieille Coutume de Vestrogothie les « Svear » ont le droit de choisir le roi et également de le déposer. Cette disposition, certainement très archaïque, ne se retrouve pas dans les lois postérieures, mais nous la voyons citée en différentes circonstances [1] et elle a constitué jusqu'à nos jours une partie du droit public non écrit de la Suède. Le peuple suédois a d'ailleurs exercé à plusieurs reprises ce droit contre les rois qui violaient les lois existantes ou qui mettaient le royaume en danger. Il l'exerça par exemple en 1439, lorsque Éric de Poméranie fut déposé après que le chef des paysans Engelbrekt Engelbrektsson lui eut, quelques années auparavant, signifié son congé dans les formes légales ; en 1560, quand Éric XIV, déclaré atteint d'aliénation mentale, vit sa déchéance prononcée

1. Ainsi par l'archevêque Olof dans sa lettre adressée au concile de Bâle (1435), lettre qui contient ce passage bien connu :.... *rex ipse debeat huiusmodi suum juramentum observare aut regno carere.*

par ses frères Johan et Karl et par les états du royaume assemblés ; en 1604, lorsque le catholique Sigismond et sa race furent exclus du trône. De même la suppression de l'absolutisme en 1719 peut être considérée comme une application du même principe, bien que la personne frappée par cette mesure ne fût pas le roi qui avait violé la Constitution, à savoir Charles XII, mais la reine Ulrique-Eléonore qui lui succédait. Enfin le même principe trouva encore son application en 1809, lorsque le malheureux Gustave IV Adolphe fut déposé avec l'assentiment général. Il était réservé à l'époque suivante, comme nous allons le voir, de fonder, à côté de cette *ultima ratio populi*, des institutions fixes préposées à la défense de la Constitution et au maintien des serments échangés.

II

LA CONSTITUTION ARISTOCRATIQUE DU MOYEN AGE (1250-1521)

A partir de l'an 1060, qui vit s'éteindre l'ancienne dynastie royale, commence une évolution de deux siècles qui aboutit au Code Général de 1347 et au droit public qui s'y trouve contenu. Le résultat d'ensemble de cette transformation, c'est tout d'abord, — comme nous l'avons indiqué,

— le passage de l'État composé à l'État unitaire, et en outre la substitution de la royauté aristocratique du moyen âge à l'ancienne royauté démocratique. Les forces qui ont agi sur ce développement ont été, non seulement les compétitions au sujet de la couronne avec les événements historiques qui s'y rattachent (lutte entre les maisons royales d'Éric et de Sverker), mais aussi et surtout *l'Église* et *le régime des classes*, autrement dit la formation d'une aristocratie spirituelle et temporelle. Les conséquences importantes qui en résultèrent au point de vue constitutionnel, se ramènent tout d'abord à une extension du pouvoir central de la royauté au détriment de la démocratie régionale. Les obligations nouvelles qu'imposent avant tout la protection de la paix publique et l'organisation militaire, amènent la publication d'édits royaux, lesquels s'étendent peu à peu à toutes les choses qui n'étaient pas précédemment « déposées et renfermées dans les lois »[1] et qui ne concernent pas le droit commun. En même temps et en vertu du même mouvement, les attributions judiciaires du roi arrivent à former une institution à

1. « I lag satte och görde äro ». Termes empruntés à l'ordonnance de Skenninge (1285).

côté et au-dessus de l'ancien système de justice. Beaucoup plus importantes pour la Constitution furent cependant deux innovations qui apparaissent à cette époque, savoir l'introduction de la *monarchie élective* et la naissance du *Conseil*. Ces deux institutions ont également leur point de départ dans l'organisation des classes, et, de même que celle-ci, elles menacent de transformer de fond en comble le vieil édifice constitutionnel. Les constitutions politiques sont toujours un reflet de l'organisation de la société en classes et en « états ». Tout changement profond qui se produit dans cette dernière amène toujours dans le droit public et dans l'organisation de l'État un changement parallèle, destiné à les mettre en harmonie avec l'état social.

La Suède vit grandir en même temps deux aristocraties, dont l'une, spirituelle, provient de l'organisation de l'Église catholique, et dont l'autre, temporelle, est le résultat du développement propre de la société ; l'avènement de la seconde a été certainement accéléré par la réforme que subit à ce moment l'art de la guerre et à laquelle correspond la chevalerie. Ces éléments nouveaux fournissent d'abord un appui au pouvoir royal dans sa lutte contre le particularisme régional et contre la démocratie populaire ; mais bientôt ils se retournent contre le pouvoir royal lui-même. Favorisés par les événements historiques, ils arrivent à faire prévaloir la *monarchie élective*. « Maintenant si le roi de Suède vient à disparaître, son successeur est désigné par choix et non point par droit d'héritage » : voilà ce que déclare très explicitement le Code Général dans ses prescriptions relatives à l'élection du roi (Konungabalkar, IV). Le principe électif est ici comme partout où il s'est manifesté, — excepté dans l'Empire romain et dans la papauté, son héritière spirituelle, — le produit d'un développement aristocratique[1]. C'est se méprendre sur l'évolution de l'État germanique que de croire avec beaucoup d'historiens dont le plus récent est BRUNNER[2], que l'ancienne royauté avait été élective ou bien consistait en un mélange bizarre du principe d'élection et du principe d'hérédité. La forme élective de l'État se rencontre seulement dans une société pourvue d'une aristocratie fortement développée. Il en est ainsi dans le cas qui

1. La tentative faite par les grands de Norvège en 1164, sous la conduite d'ERLING SKAKKE, pour remplacer dans ce pays l'ancienne royauté héréditaire par l'État électif nous fournit un exemple frappant du processus en question.

2. BRUNNER, *Deutsche Rechtsgeschichte*, I, p. 122. — Voir aussi E. HILDEBRAND, *Svenska Statsförfattningens historiska utveckling*, p. 30 et suiv.

nous occupe. Mais bien qu'ayant transformé aussi profondément l'ancienne royauté démocratique et héréditaire, l'introduction du principe électif n'ébranle pas cependant les bases de la constitution. Au contraire, son caractère de contrat ne se manifeste maintenant qu'avec plus de force, en ce sens que chaque roi, en outre des serments prescrits par la loi, donne ce qu'on appelle une capitulation (*handfästning*).

Les choses se passent tout autrement pour l'autre innovation aristocratique, à savoir le Conseil (*Rådet*). Il est vrai que le Conseil est mentionné dans les lois régionales, mais non comme une institution à demeure. C'est seulement le Code Général de 1347 qui lui assigne sa place définitive et indépendante dans la constitution. Cette place est déterminée par le rôle que lui assigne le Code en question et qui est « d'assurer de toutes ses forces l'observation par le roi du serment prêté au peuple et par le peuple du serment prêté au roi ». Beaucoup ont pensé qu'à partir de cette époque il y a eu en Suède non pas deux, mais trois pouvoirs : le Roi, le Peuple et le Conseil. Celui-ci occupait la situation d'un gardien préposé à la surveillance du roi et du peuple ; et c'est là un rôle qui s'accordait assez mal avec le reste de la constitution. Néanmoins les événements avaient créé ainsi l'institution stable qui manquait à l'ancienne constitution, et dont le rôle était de veiller à ce que les serments sur lesquels reposait le droit public fussent respectés religieusement. Mais on comprend que cette vigilance exercée sur le roi et sur le peuple, devait très facilement faire naître le désir de les dominer tous les deux. En fait, l'institution nouvelle, avec sa base sociale qui était l'aristocratie, est appelée à jouer pendant longtemps le rôle actif dans le développement constitutionnel qui va suivre, parce que ses empiètements menaceront les deux autres pouvoirs et provoqueront ainsi leur résistance. A deux reprises différentes, l'aristocratie avec le Conseil à sa tête a voulu se subordonner la royauté et se mettre au lieu et à la place du peuple, tentative qui aurait pu aboutir à un bouleversement complet de la Constitution. Mais ce plan a échoué. Les deux autres pouvoirs de l'État restent debout et repoussent les entreprises du Conseil, soit pour se partager comme auparavant la puissance gouvernementale, soit pour la posséder chacun à son tour.

La première fois que le Conseil et la noblesse essayèrent de devenir l'élément central de la Constitution et les maîtres de l'État, ce fut dans les derniers siècles du moyen âge (1319-1520).

Des intérêts dynastiques et aristocratiques amenèrent un rapprochement entre les trois royaumes du Nord, et ce rapprochement fut scellé par l'Union de Kalmar en 1397. Mais les dépositaires du pouvoir dirigèrent l'Union contre la nationalité suédoise et la liberté du peuple suédois et par là provoquèrent contre elle une résistance qui aboutit à sa dissolution après un siècle de luttes. Le soulèvement des paysans d'abord sous Engelbrekt (1435), ensuite sous les Stures (1470-1520), se termine par la défaite de l'aristocratie et par le rétablissement de la royauté nationale avec *Gustaf Wasa.*

Pendant cette période, le *Riksdag*, représentant le peuple et le pays tout entiers, s'organise peu à peu à côté des assemblées provinciales (*landstingen*). Surtout après que les juges provinciaux ou sénéchaux (*lagmän*) eurent été appelés depuis Magnus Ladulås (1275-1290) au rôle de conseillers du roi, les « landsting » perdirent leur importance politique et même peu à peu leur périodicité. Le Riksdag est sorti de deux sources différentes : les assemblées de notables (*herredagar*), tenues par le Conseil et par les grands, et les prescriptions du Code Général au sujet de l'élection du roi. On convoquait en effet à cette occasion non seulement les sénéchaux (lagmän) mais encore douze représentants envoyés par chaque province et désignés par les paysans dans l'assemblée provinciale. Or, dès l'année 1359, on invite également les villes à envoyer des mandataires à l'assemblée générale du royaume. Mais la composition de ces parlements ne fut pas déterminée avec précision et ils étaient convoqués seulement pour les élections royales et pour d'autres questions de haute politique s'y rattachant. Les questions de législation et d'impôts ne les concernaient pas, car le droit de décision en ces matières appartenait, d'après la loi, à tous les citoyens réunis dans les « landsting ».

Malgré cela, les assemblées générales avaient incontestablement le caractère d'une représentation véritable. Déjà les expressions bien connues dont se sert le Code Général lorsqu'il traite du serment du peuple à l'occasion de l'élection royale, nous montrent que l'idée d'une représentation était nettement reconnue et présente aux esprits. « Par ce serment et cette promesse », y est-il dit, « sont liés jeunes et vieux, nés et à naître, amis comme ennemis, les absents comme ceux qui étaient présents et qui ont juré et engagé leur foi. »

III

LE ROYAUME CONSTITUTIONNEL DES TEMPS MODERNES (1521-1680)

Des orages de la période dite « de l'Union » sortent comme les premières conséquences des événements historiques : la monarchie nationale héréditaire et le réveil de la puissance populaire. Les luttes intestines continuelles et en dernier lieu le massacre de Stockholm en 1520 (accompli par le roi danois Christian II) avaient affaibli et abattu les grandes familles nobles. De plus, la Réforme introduite en 1527 vint porter un coup mortel à la puissance de l'Église catholique. Aux deux aristocraties vaincues succède avec Gustave Wasa (1521-1560) la royauté nationale qui devient dès lors la puissance centrale de l'État et de la société.

Après avoir définitivement brisé l'Union avec le Danemark, favorisée par la noblesse, Gustave Wasa délivra aussi le pays de la domination commerciale de Lübeck, affermissant ainsi l'indépendance de la Suède à l'extérieur. A l'intérieur il rétablit la puissance royale longtemps foulée aux pieds, tout d'abord en la rendant héréditaire dans la maison de Gustave Wasa, et de plus en transportant toute l'administration entre les mains du roi. Le Conseil, naguère si puissant, se trouve par là mis à l'écart et on jette les bases d'un régime administratif centralisé et d'un gouvernement nouveau. Toutes ces réformes ne s'accomplissent pas sans secousses. Mais l'opposition vient maintenant beaucoup moins des grands que du petit peuple. Pendant la plus grande partie de son règne Gustave Wasa doit se défendre contre des révoltes de paysans, et ces révoltes ne sont pas, comme en d'autres pays, causées par une oppression trop forte, mais bien par l'esprit d'indépendance qu'ont développé chez les paysans les luttes précédentes et par leur répugnance à accepter docilement un pouvoir royal qu'ils ont eux-mêmes contribué à fonder.

En même temps se développe de plus en plus l'idée d'une représentation nationale, bien qu'elle revête encore des formes très indécises. Gustave Wasa se met en relations avec le peuple dans les assemblées provinciales, dans les marchés et autres réunions, tout aussi bien que dans les Riksdags généraux. A la place de la triarchie médiévale ayant pour éléments le roi, le Conseil et le peuple, nous voyons renaître la diarchie primitive du roi et du peuple. Mais les rapports juridiques entre ces deux éléments ne sont pas aussi clairs que dans l'ancien temps et le pouvoir a des obligations différentes et plus nombreuses.

Parmi les fils et successeurs directs de Gustave Wasa, le plus jeune, Charles IX (1599-1611), est le seul qui continue avec pleine conscience l'œuvre de son glorieux père. Il fait échec au projet d'une nouvelle union, — cette fois avec la Pologne, — ainsi que d'une nouvelle domination du Conseil, et il affermit ainsi à la fois la Réforme et le pouvoir encore récemment fondé. Il fut réservé à son fils Gustave II Adolphe (1611-1632) d'achever la réorganisation de la Suède d'après les mêmes principes. Ce monarque remarquable, aussi grand dans la paix que dans la guerre, opère dans l'administration du royaume une réforme dont les traits principaux sont demeurés jusqu'à nos jours[1]. L'armée est refondue et la justice reçoit une organisation nouvelle, qui donne une forme plus moderne à l'ancienne coutume de l'appel au roi[2]. Le gouvernement central du royaume prit lui aussi des formes nouvelles et précises. Le Conseil devint un

1. Il s'agit ici de la Forme de gouvernement (*Regeringsform*) de 1634, approuvée et sanctionnée par les états après la mort du roi.

2. Code de procédure de 1614.

véritable organe d'administration, à la fois comme conseil et comme partie du gouvernement : en effet, cinq de ses membres furent mis chacun à la tête d'une des grandes charges du royaume (grand sénéchal ou *drots*, connétable, amiral, chancelier et grand trésorier). Enfin on donna au Riksdag, aux « états » (*Ständerna*), comme on l'appelait, une organisation mieux définie en même temps que des attributions nouvelles[1].

La représentation suédoise, composée de la noblesse, du clergé, de la bourgeoisie et des paysans, est avant tout remarquable pour la pureté avec laquelle elle reflète les principales fonctions sociales que la civilisation assigne aux hommes vivant ensemble. Conduire et protéger le peuple, contribuer au progrès de la culture et de la science, diriger ou exercer soi-même les métiers et industries, — telles ont été les tâches que le travail civilisateur a comportées à toutes les époques. Ce qui change suivant les temps, c'est la répartition de ces tâches entre les différentes mains et, comme conséquence, le groupement des individus en « états » et classes. Au cours du moyen âge et bien plus tard encore, jusqu'à

1. Réglementation du Riksdag de 1617 et Forme de gouvernement de 1634, ainsi que l'Ordre de la noblesse (*Riddarhusordning*) de 1626.

une époque toute récente, il existe une correspondance parfaite entre les rôles sociaux et les groupements. Chaque classe prend sa part du travail civilisateur. Mais nulle part cette harmonie ne s'est exprimée aussi nettement qu'en Suède dans la constitution politique : ici la représentation nationale donne une image aussi fidèle que possible de ces deux éléments.

A l'époque dont nous parlons, on voit aussi s'élargir la compétence des états, qui conquièrent de plus en plus la place que la représentation doit occuper dans un État constitutionnel. En effet, les droits qu'on reconnaissait autrefois aux assemblées de provinces en matière de législation et d'imposition sont maintenant transférés au Riksdag. La dernière des assemblées régionales se tint, comme on l'a vu, en 1679, après qu'elles eurent été interdites pour toujours en 1660. Ainsi la représentation du royaume avait remporté une victoire complète sur les anciens « tings » des provinces, et elle était devenue le seul organe qui permît au peuple de partager le pouvoir avec le roi. Mais il restait encore beaucoup à faire avant que la nouvelle institution fût en état de tenir sa place comme seconde puissance du royaume. La division en quatre corps (noblesse, clergé, bourgeois et paysans) rendait difficile une décision commune, et d'ailleurs aucune règle fixe ne prévoyait encore comment les choses devaient se passer en cas de dissentiment. Pour cette même raison, mais aussi et plutôt par suite des différents privilèges de classes, l'impôt n'était pas consenti collectivement par tout le Riksdag, mais par chaque corps séparément. Enfin la convocation des états dépendait du bon plaisir royal.

Malgré cela l'évolution se fait très vite. Une comparaison entre la Constitution de 1634 et l'acte additionnel (*Additamentet*) qu'on y ajouta en 1660 nous montre la rapidité avec laquelle grandit l'influence des états.

L'acte additionnel stipule que le Riksdag doit siéger au moins tous les trois ans, et on y trouve exprimé le principe de la responsabilité du Conseil-gouvernement devant les états.

Mais en même temps se développaient aussi les pouvoirs et l'influence du Conseil. Grâce à l'institution de cinq hautes charges, il en vint à constituer un véritable gouvernement ; et les événements voulurent que le Conseil eût pendant de longues périodes et dans des circonstances critiques l'occasion de diriger par lui-même l'administration du royaume (de 1632 à 1644, après la mort de Gustave-Adolphe, et plus tard, de 1660 à 1672, après celle de Charles X Gustave). Il s'acquitta de cette tâche avec grand honneur, du moins aussi longtemps qu'il fut présidé par Axel Oxenstjerna (1632-1644). Naturellement ses prétentions s'accrurent par là-même. Un passage souvent cité de la Constitution de 1634 nous renseigne très clairement sur la façon dont le Conseil comprenait à cette époque sa propre situation et l'importance de son rôle : « Un État bien réglé, nous dit ce texte, serait celui qui assurerait à chaque pouvoir ce qui lui est dû : au Roi sa majesté, au Conseil son autorité et aux états leur indépendance et leurs droits légitimes[1]. » Mais cette ambition croissante, qui s'explique par les circonstances historiques, ne suffit pas à modifier la Constitution. Celle-ci reste telle que Gustave-Adolphe lui-même l'avait caractérisée par ces paroles significatives : « Le roi et les états, grands et petits, représentent ensemble à la place de Dieu la haute majesté royale. » Le roi et le peuple, — celui-ci représenté par les états qui sont organisés comme lui en classes supérieures et classes inférieures, — sont les deux possesseurs du pouvoir et symbolisent ensemble l'État ou, comme on disait alors, le Royaume. Mais le dualisme abstrait qui régnait

1. *Regerinsformen 1634* (Préambule).

primitivement est devenu une collaboration intime des deux puissances pour constituer une volonté gouvernementale.

Ainsi le régime politique de la Suède dans cette période est constitutionnel au sens moderne du mot, bien que les limites entre les deux puissances de l'État soient encore mal définies dans beaucoup de cas et que les relations légales entre le roi et le peuple soient fondées sur une confiance mutuelle plus que sur des paragraphes de lois.

IV

PÉRIODES D'ABSOLUTISME ET DE GOUVERNEMENT PARLEMENTAIRE. RETOUR AU CONSTITUTIONNALISME (1680-1809)

L'époque des Wasa et surtout celle de Gustave-Adolphe marquent dans l'histoire de la Constitution à la fois une restauration et une évolution qui, tout en respectant ses fondements antiques, la mettent en harmonie avec les exigences modernes. Mais cette époque est aussi un temps d'accalmie entre des orages; car à peine une génération s'est-elle écoulée après la mort du grand roi que les troubles éclatent de nouveau et que l'équilibre péniblement obtenu entre les deux pouvoirs, le Roi et le Peuple, est rompu par de violentes secousses qui font pencher la balance tantôt d'un côté tantôt de l'autre. Les conditions sociales jouent maintenant encore le rôle dominant et actif, bien que soutenues, il est vrai, par différentes circonstances extérieures et intérieures.

La noblesse, à qui l'avènement des temps modernes avait fait perdre sa suprématie politique, conserva intacte sa situation sociale et même la développa par la suite. La réforme religieuse lui permit d'acquérir de grandes richesses nouvelles : grâce à Gustave Wasa, chacun put rentrer en possession des biens que lui ou ses ancêtres avaient donnés à l'Église, et le roi s'acheta ainsi un concours précieux pour l'introduction de la Réforme. A cela s'ajoutèrent par la suite des acquisitions nouvelles ; car la royauté, poussée par un besoin d'argent qu'expliquent de longues guerres, vendit à la noblesse un grand nombre de biens de la couronne ainsi que des droits censitaires. Souvent même des propriétés et des rentes furent accordées et aliénées sans compensation, — notamment par la reine Christine (1632-1654). Cet enrichissement, joint aux grands privilèges accordés en diverses circonstances à la noblesse au détriment des autres classes de la société, portèrent chez celles-ci le mécontentement à son comble. On demandait à grands cris une restitution ou « réduction ». Déjà la diète de 1655 avait voté une mesure en ce sens, mais c'est seulement en 1680 que le roi et les classes inférieures s'unissent pour porter un grand coup à la puissance de l'aristocratie et pour restituer à la couronne tous les biens que la noblesse avait acquis sous les gouvernements antérieurs. Par cette réduction, la plus importante qui ait eu lieu dans l'Europe moderne, — excepté toutefois la grande confiscation opérée par la Révolution française, — la suprématie sociale de la noblesse suédoise se trouva abattue comme l'avait été précédemment sa suprématie politique.

Mais le mouvement ne s'arrêta pas là. Charles XI (1660-1697) se tourna aussi contre le Conseil en tant qu'institution politique. L'autorité du Conseil était une gêne pour le roi, et d'ailleurs elle pouvait apporter des obstacles à l'accomplissement de la « réduction ». C'est pourquoi Charles XI demande aux états et obtient qu'on donne aux statuts du Code Général sur la compétence du Conseil une interprétation qui autorise le roi à le rejeter tout à fait à l'écart. Le monarque s'empare avec énergie de cette autorisation, et désormais disparaît de la Constitution suédoise ce qu'on avait appelé le troisième pouvoir de l'État. Si utile qu'ait pu être sur le moment une pareille mesure, elle ne laisse pas d'avoir eu des conséquences très graves. C'est en effet à cette époque qu'il faut faire remonter la faiblesse qui caractérise de nos jours en Suède l'organe exécutif (Conseil, Conseil d'État, gouvernement) et qui est un des plus grands défauts de la Constitution actuelle.

Le roi et le peuple, — celui-ci ayant le Riksdag pour représentant, — restent maintenant les seuls détenteurs du pouvoir politique. Mais on s'aperçoit alors que le second n'est pas encore mûr pour son rôle, et le fonctionnement de la Constitution, en ce qui concerne la part attribuée aux états dans le pouvoir, présente certaines lacunes qui ne seront comblées qu'après de longues et coûteuses expériences. L'un de ces défauts, c'est que rien n'indiquait que le Riksdag dût se réunir à des époques fixes. Il est vrai qu'en 1660, sous la régence qui suivit la mort de Charles X, il avait été statué que les états seraient convoqués au moins tous les trois ans. Mais lorsque Charles XI arriva lui-même à la tête du gouvernement (1672), cette prescription ne fut plus tenue pour valable ; et d'ailleurs on la vit tomber sans regret, la convocation au Riksdag étant généralement considérée comme une gêne.

L'autre lacune, c'était l'absence de textes précis relativement à la confection des lois. Le Code Général ne contenait pour ainsi dire rien à ce sujet. C'est pourquoi Charles XI, après avoir consulté le Riksdag sur sa compétence dans la matière, put en 1682 étendre à son gré le pouvoir législatif reconnu au roi de temps immémorial. Et comme le Conseil était désormais écarté des affaires, le Roi et le Peuple se retrouvaient directement face à face, comme aux temps du paganisme, avec cette différence cependant que le premier était armé de tous les moyens de pouvoir que lui donnait le régime moderne pour l'administration du royaume, et muni de droits législatifs très étendus en matière économique. Ainsi le roi et le peuple étaient déjà l'un vis-à-vis de l'autre dans une situation très inégale. Cette inégalité allait s'aggraver encore.

Charles XI ne renonça pas à l'habitude suivie par ses prédécesseurs de convoquer fréquemment les états et de les consulter sur les affaires du royaume; il est vrai qu'il le fit avant tout pour obtenir un pouvoir dont aucun roi de Suède n'avait joui avant lui et que le peuple lui accorda par reconnaissance pour la fameuse « réduction ». D'ailleurs on n'entendait point par là que le roi dépassât les limites prescrites à son pouvoir par la loi et les traditions, mais leur maintien dépendait désormais du sentiment qu'il avait de son devoir et de sa responsabilité. Charles XI n'y faillit pas ; mais son fils Charles XII, élevé dans les idées d'autocratie qui se généralisaient alors en Europe, perdit de vue les vieilles traditions suédoises et gouverna comme un *roi absolu.* Il se passa complètement de la collaboration des États, fit la guerre durant tout son règne et leva comme bon lui semblait des soldats et des impôts. C'était rompre entièrement avec l'ancienne Constitution du pays. L'une des deux puissances de l'état avait confisqué pour elle seule ce qui, d'après le droit politique de la Suède, devait être partagé entre le roi et le peuple. Dans ce système de balance qui est celui de la Constitution suédoise, l'équilibre était violemment rompu, et il faudra désormais un siècle avant qu'il soit bien rétabli.

Charles XII ne fut pas déposé, comme l'eût exigé cependant ce droit suédois non écrit dont nous parlions plus haut. Les grands services que le pouvoir absolu avait rendus au peuple par la « réduction » et par le nivellement des classes, mais avant tout, la puissante personnalité du roi et la fascination que ce héros exerçait sur la nation, empêchèrent qu'on ne recourût à ce parti extrême. Mais à peine Charles XII était il tombé devant

Fredrikshall (1718) que la puissance populaire comprimée et exaspérée se redresse et avec l'unanimité la plus parfaite, renverse le système gouvernemental de l'absolutisme qui avait été imposé au pays sans le consentement des états. Mais deux poids égaux dont on a fortement dérangé l'équilibre ne le reprennent qu'après d'amples oscillations et commencent par occuper une position symétrique de la précédente : c'est à peu près ce que nous observons au point où nous en sommes dans l'histoire constitutionnelle de la Suède. On ne se borna pas à abolir l'absolutisme et à rétablir du premier coup l'équilibre primitif entre le roi et le peuple ; on alla jusqu'à l'extrémité opposée, et de la domination exclusive de la royauté on passa à la domination exclusive des états (*Ständervälde*). Les « formes de gouvernement » de 1719 et de 1720 ainsi que la loi organique du Riksdag de 1723 remirent tout le pouvoir aux états ; le roi ne fut plus qu'un personnage décoratif, un fantoche dont la majorité du Riksdag tenait les fils. C'est l'ère de la royauté parlementaire, où s'exerce la domination des états sous le masque de la dignité royale.

Le pouvoir exécutif tomba désormais dans la dépendance complète du pouvoir législatif, qui devint lui-même le gouvernement. Un Parlement gouvernant : tel est en deux mots le caractère de la nouvelle Constitution. Les états gouvernent directement par des comités dont le plus important était le « comité secret » (*Sekreta*) et par l'intermédiaire de commissions dans les intervalles des sessions ; ils gouvernent indirectement au moyen du Conseil. Dans le Conseil les questions sont résolues par un vote, où le roi dispose de deux voix seulement, et dans certains cas, de trois. Mais le Conseil est responsable devant les états et de plus ses membres sont choisis par eux, bien que pour la forme ils soient nommés par le roi. On comprendra combien profonde était l'immixtion du Parlement dans tous les domaines de la vie politique et sociale, si nous ajoutons que les nominations de fonctionnaires ainsi que les arrêts des tribunaux pouvaient être portés devant les états et leurs comités pour être examinés et révoqués par eux.

Une autre particularité de cette période qu'on a appelée « l'ère de la liberté » (*Frihetstiden*), c'est la formation de partis politiques, dont les luttes pour le pouvoir fournissent quelques-unes des pages les plus tristes de l'histoire du XVIIIe siècle suédois.

Il y avait deux grands partis, qui portaient les noms absurdes de Chapeaux et de Bonnets, et qui occupaient le pouvoir à tour de rôle. C'étaient à l'origine de simples groupements d'opinions, deux façons différentes de comprendre la politique extérieure et le régime économique à adopter. Longtemps auparavant (sous la régence de 1660-1672), on avait déjà vu se manifester des tendances diverses en matière de politique extérieure. Ces divergences se reproduisirent avec une intensité beaucoup plus grande après le désastre que la puissance suédoise avait subi sous Charles XII, et qui venait de se terminer par la mort du roi. Les Chapeaux voulaient tirer vengeance de la Russie le plus vite possible, et rendre à la Suède sa grandeur passée ; les Bonnets désiraient conserver la paix et entretenir des relations amicales avec les puissances voisines. Dans le domaine de la politique intérieure le contraste entre les opinions des deux partis était aussi tranché. Les Chapeaux tenaient fortement pour le « mercantilisme », c'est-à-dire pour des théories analogues à celles des ploutocrates français, tandis que les Bonnets se rapprochaient par leurs idées des physiocrates. Il ne fallut pas longtemps pour que ce conflit d'opinions s'adjoignît aussi un conflit d'intérêts. Bientôt la lutte pour le pouvoir devint également une lutte pour les places et pour tous les avantages pratiques que comporte l'exercice du pouvoir. Plus tard se manifestèrent avec une grande force les contrastes sociaux, de sorte que vers la fin de cette période les Chapeaux représentaient le parti de la noblesse, tandis que les Bonnets se recrutaient avant tout dans les classes roturières. Ainsi ce qui était à l'origine une divergence d'opinions aboutit peu à peu à une lutte d'intérêts où les oppositions sociales, — qui d'ailleurs étaient apparues dès le début, — occupèrent naturellement la première place. A mesure que se produisait cette évolution, l'esprit de parti pénétrait de plus en plus profondément dans le peuple. Mais il sévissait surtout dans les milieux parlementaires, et parmi les fonctionnaires. Là, il était entretenu par l'or de l'étranger et par un système de corruption largement pratiqué.

Les étrangers se sont figuré souvent, autrefois et de nos jours, que la Suède, pendant cette période d' « hégémonie de la noblesse », comme on dit, présentait l'aspect d'une seconde Pologne. Rien de plus faux que cette conception. Tout d'abord il ne s'agit pas d'une domination de la noblesse, mais bien de la domination du peuple suédois par l'intermédiaire du Riksdag ; ce qu'on peut dire seulement, c'est que la noblesse y tint, surtout au début, le premier rang. Mais en outre les origines de cette période, non moins que son aboutissement, nous montrent que nous avons affaire ici à une crise politique toute différente de celle qu'on imagine, et chez un peuple tout différent. Nous avons devant nous un exemple typique de la souveraineté populaire sous une de ses formes les plus brutales et les plus directes, c'est-à-dire sous la forme d'un parlement gouvernant. Voilà pourquoi cette période est très instructive et du plus haut intérêt pour la science politique. Mais elle enrichit aussi la Suède de plusieurs institutions nouvelles et importantes, et elle donna au peuple suédois une expérience qui, — espérons-le, — lui reste acquise pour toujours.

Parmi les nombreuses innovations que l' « ère de la liberté » apporta dans le domaine constitutionnel, nous noterons que le Riksdag reçut alors son organisation complète et son complet développement technique. L'ordre de ses travaux et surtout cette répartition en comités si caractéristique du système parlementaire suédois, reçurent un règlement qui subsiste encore dans ses traits essentiels. On traça une ligne de démarcation définitive entre la loi constitutionnelle ou « loi fondamentale » (*grundlag*) et les autres lois. Enfin on institua en 1766 la liberté de la parole et de la presse, comme un moyen de remédier et de parer aux nombreux abus et aux manifestations de violence et de tyrannie, auxquels avait donné lieu le régime « de la liberté ».

Ce régime ne pouvait durer bien longtemps. Il jurait trop nettement avec les traditions du peuple suédois, avec sa façon de voir habituelle. De plus, il exposait le pays à de grands dangers extérieurs. Un État insulaire comme l'Angleterre pouvait impunément laisser se développer et s'installer un absolutisme parlementaire ; pour un royaume comme la Suède, entouré de voisins avides, un pareil régime était malsain. Aussi dès qu'une royauté nationale occupa de nouveau le trône de Suède avec Gustave III (en 1771), il se produisit une révolution pacifique qui mit fin à l'hégémonie des états et se proposa pour but de rétablir l'équilibre primitif entre le Roi et le Peuple. Nous touchons ici à la seconde période de la monarchie constitutionnelle.

Malheureusement Gustave III (1771-1792) commit une erreur en voulant ramener la Constitution à ce qu'elle était avant l'avènement de l'absolutisme en 1680, lorsque la répartition du pouvoir entre le roi et le peuple était assurée par la confiance mutuelle plus que par des institutions solides. La confiance faisait maintenant défaut, et c'est pourquoi les dispositions souvent assez vagues de la

Constitution de 1772 ne suffisaient pas à restaurer l'équilibre détruit entre les deux possesseurs du pouvoir. En outre, la Constitution nouvelle ne prévoyait pas une convocation régulière du Riksdag, et d'un autre côté elle refusait au roi le droit exclusif de présider à la politique extérieure et de décider de la guerre et de la paix. Aussi Gustave III se trouve-t-il bientôt en conflit avec les états et notamment avec la noblesse, — ce qui le conduit à un nouveau remaniement de la Constitution. En abolissant les derniers restes importants des privilèges de la noblesse, Gustave III gagna l'approbation des trois autres ordres à l'acte « d'Union et de Sûreté » (1789) ; par cet acte le roi redevient sinon absolu du moins plus maître de ses décisions que ne devait l'être un roi constitutionnel[1]. Il paya cette victoire de sa vie en 1792 ; mais l'horreur qu'inspira au peuple le meurtre du roi fut cause qu'on ne fit rien à ce moment pour réduire les empiétements du pouvoir royal et ramener la Constitution à son état d'équilibre normal. Il fallut pour cela toutes les fautes de Gus-

1. C'est cette Constitution de 1772 et de 1789 que possédait la Finlande lorsqu'elle fut arrachée à la Suède en 1808. C'est la même Constitution qui fut reconnue et solennellement confirmée, la même année, par l'empereur Alexandre Ier à la diète de Borgå.

tave IV Adolphe et tous les malheurs que son règne apporta à la Suède. Mais alors (en 1809) la rupture se produisit, et cela suivant l'esprit de la vieille loi de Vestrogothie : le peuple renversa le roi, puis il donna au royaume une Constitution nouvelle et choisit un nouveau roi.

CHAPITRE III

La Constitution de 1809.

I

ORIGINES DE LA CONSTITUTION
LES NOUVELLES LOIS FONDAMENTALES

Un peuple a rarement accompli dans des circonstances extérieures aussi difficiles, un acte aussi important que le peuple suédois en 1809. Après que la Suède eut participé avec la Russie à la lutte contre la France et le Danemark, elle fut perfidement attaquée en 1808 par son ancienne alliée, qui venait de se réconcilier avec la France et de faire alliance avec le Danemark. Les troupes russes, après avoir envahi la Finlande, avaient pénétré en 1809 jusque dans la Suède du Nord, tandis qu'à l'ouest, du côté de la Norvège, les Danois se préparaient à une attaque. Dans cette détresse mûrit bientôt l'idée de déposer Gustave IV, car c'était son incapacité, venant se joindre aux vices du système gouvernemental, qui avait amené les malheurs dont gémissait le pays. Avec la complicité de tous, le roi fut emprisonné le 13 mars dans le château de Stockholm, après quoi le gouvernement fut confié à son oncle le duc Charles, jusqu'à ce que les états eussent pu se réunir. Leur réunion eut lieu le 1er mai, et après différents pourparlers avec le duc régent ils chargèrent (le 12 du même mois) leur comité constitutionnel d'élaborer une nouvelle Constitution. Celle-ci était prête au bout de deux semaines de travail à peine ; elle fut adoptée le 5 juin par les états ; puis, le 6 juin, le duc Charles fut élu comme roi et prêta serment à la nouvelle Constitution.

Si jamais occasion s'est présentée de fabriquer une Constitution toute neuve, sur des patrons déjà prêts et en s'inspirant de théories politiques en vogue, c'est bien à ce moment-là, semble-t-il. Tout paraissait devoir y pousser : la brièveté du temps accordé au travail, les idées politiques régnantes, les principes de la Révolution française, et l'exemple du parlementarisme anglais. Dans le mémoire rédigé par le secrétaire du comité de la Constitution, Hans Järta, — mémoire qui accompagnait le projet dudit comité, — il est parlé en effet de la théorie de Montesquieu sur la séparation des pouvoirs, ainsi que de l'excellence éprouvée de la Constitution anglaise. Mais ce sont là des façons de parler dont la portée ne va pas plus loin qu'à montrer que les auteurs du projet sont au courant de ces doctrines et systèmes étrangers. Le même Hans Järta devait faire dans une autre occasion (en 1832) la déclaration suivante : « La Constitution suédoise du 6 juin 1809 ne fut taillée sur le patron d'aucun des costumes politiques alors à la mode dans le reste de l'Europe, mais bien d'après le vieux costume national de la Suède, avec la jaquette de paysan serrée à la taille ». Et plusieurs autres déclarations du même genre se retrouvent aussi bien dans le mémoire cité plus haut, que dans les discours prononcés devant les états à propos du même projet. En fait cette affirmation du caractère national de la Constitution est si littéralement vraie qu'il est impossible d'indiquer avec certitude une seule institution qui soit un emprunt fait à l'étranger ; par contre, derrière chacun de ces 114 paragraphes, nous devinons des expériences nationales et des événements historiques.

Les auteurs qui ont examiné la Constitution de 1809 et sa formation, ont noté dans quelques cas des ressemblances entre certaines institutions suédoises et des institutions appartenant à d'autres peuples. Mais ces analogies ne prouvent pas une origine étrangère. Des besoins identiques doivent conduire souvent à prendre des mesures analogues ; en ce cas il est impossible d'établir l'emprunt, d'autre part les antécédents des institutions en question (par exemple la responsabilité du Conseil des ministres devant les états, et le principe du contreseing) se retrouvent dans des institutions anciennes de la Suède, et seule la combinaison de ces éléments est une nouveauté : en d'autres termes, les prémisses étaient posées depuis longtemps, et il n'y a d'inédit que la conclusion.

L'idée directrice qui présida au travail constitutionnel, c'était d'éviter et d'empêcher pour l'avenir les excès de sens opposé entre lesquels la Constitution suédoise avait été ballottée au cours des générations immédiatement précédentes. La situation politique en 1809 était, à l'extérieur comme à l'intérieur, très semblable à ce qu'elle était en 1718. Mais quand on compare les résultats des deux révolutions qui marquent ces deux dates, on voit qu'ils diffèrent du tout au tout. Tandis que dans le premier cas on se précipita d'un excès à un autre, ce sont précisément ces excès que l'on veut éviter en 1809. On avait constaté que la « liberté », c'est-à-dire la souveraineté du peuple sans contre-poids, n'est pas moins violente que l'absolutisme d'un roi. « Délimiter exactement » et « doser avec soin », l'un en face de l'autre, les deux « pouvoirs constitutionnels », celui du roi et celui des états : telle est la pensée, souvent exprimée, qui n'a cessé de guider les auteurs de la Constitution. Pour cela, on prend dans le riche trésor des anciennes chartes constitutionnelles que l'on avait à sa disposition, tantôt un article concernant la majesté et les pouvoirs du roi, tantôt un article sur les attributions des états, mais en ayant soin d'opérer un mélange harmonieux, ou bien on rédige des dispositions nouvelles inspirées par des expériences toutes récentes. Par le rétablissement de l'équilibre entre le roi et le peuple, la Constitution se trouve également rétablie sur ses antiques fondements. Voilà pourquoi le Comité constitutionnel pouvait très justement dire en parlant de lui-même : « Le Comité ne propose pas de grandes ni de brillantes modifications aux formes traditionnelles de notre Constitution politique. » Il se contente de la ramener à son type originel, c'est-à-dire à celui de la Constitution dualiste dans l'État unitaire ; ce système, qui fonctionnait encore sous Gustave-Adolphe et qui fut abandonné par la suite, se trouve maintenant restauré, mais sous une forme plus riche et plus complète, et sans les lacunes qui avaient causé sa décadence.

C'est ainsi que la nouvelle Constitution devient pour ainsi dire la résultante de toute l'histoire constitutionnelle du peuple suédois. La Forme de gouvernement de 1809 est le fruit mûr d'un développement poursuivi pendant des siècles.

Le principal document de la Constitution suédoise est donc ce texte si souvent cité de la *Forme de gouvernement* (*Regeringsformen*), c'est-à-dire *la Constitution du 6 juin 1809*. Il faut y joindre trois autres « lois fondamentales », savoir : *la loi de succession de 1810* ; — la *loi organique du Riksdag*, dont la forme ancienne est de *1810*, et la forme moderne de *1866* ; — et la *loi de 1812 sur la liberté de la presse*. Mais ces trois lois fondamentales ne font que développer et préciser chacune pour son domaine les principes généraux de droit public posés dans la *Regeringsform*. C'est pourquoi on peut s'en tenir à ce texte fondamental pour donner un aperçu d'ensemble de la Constitution suédoise. Nous exposerons tout d'abord le contenu de cette Constitution telle qu'elle est apparue en 1809, après quoi nous rendrons compte très brièvement des modifications qu'elle a subies par la suite.

Au point de vue de la disposition extérieure, la Constitution se compose d'une introduction et d'un appendice, encadrant 114 paragraphes, dont les 48 premiers traitent du pouvoir royal, de ses attributions et de son organisation générale, ainsi que du Conseil des ministres ; les autres paragraphes, du 49e au 114e, décrivent de la même manière l'organisation des états. L'introduction et l'appendice, mais surtout la première, méritent tout d'abord d'attirer l'attention. Rien ne peut mieux que cette préface faire comprendre en peu de mots l'esprit de la Constitution suédoise. C'est pourquoi il me paraît à propos de la citer textuellement, mais en y faisant un certain nombre de coupures :

« Nous, Charles, roi des Suédois, des Goths et des Wendes par la grâce de Dieu, etc., etc., faisons savoir ce qui suit : attendu que, dans un sentiment de confiance pleine et entière, nous avons abandonné sans conditions aux états du royaume l'établissement d'une nouvelle forme de gouvernement,... nous remplissons... un devoir bien cher en publiant ici pour tous la loi fondamentale que les états actuellement réunis....... ont fixée et adoptée d'un commun accord et qu'ils nous ont remise en ce jour dans la Salle du Trône, en même temps qu'ils nous offraient librement et unanimement la couronne et le gouvernement de la Suède. En agréant cette offre, notre espoir d'un progrès dans nos efforts continus pour le bien du pays s'est trouvé d'autant plus affermi que les droits et les devoirs réciproques entre nous et nos sujets sont, avec une clarté parfaite, délimités par la nouvelle Constitution de façon à maintenir à la fois au pouvoir royal son caractère sacré et sa force d'action, et au peuple suédois sa liberté soumise aux lois. Nous déclarons donc vouloir adopter, approuver et sanctionner la Constitution votée par les états du royaume, et nous l'acceptons entièrement, dans les termes où elle se trouve publiée par la suite. »

« Nous soussignés, constituant les états du royaume de Svéa, comtes, barons, évêques, chevaliers et nobles, membres du clergé, bourgeois, représentants du peuple et des paysans, nous tous qui, en notre nom et au nom de nos concitoyens restés chez eux, nous sommes réunis en assemblée générale du royaume, déclarons ce qui suit : attendu qu'à la suite du nouveau changement de monarque auquel nous avons donné notre approbation unanime, nous, délégués du peuple suédois, avons acquis le droit, par l'établissement d'une Constitution nouvelle, de contribuer nous-mêmes à améliorer pour l'avenir la situation de notre patrie ; nous avons décidé d'annuler d'abord toutes les lois fondamentales plus ou moins en vigueur jusqu'à ce jour, savoir la Forme de gouvernement du 21 août 1772, l'Acte d'union et de sûreté du 21 février et du 3 avril 1789, la loi du Riksdag du 24 janvier 1617, ainsi que tous les autres actes, lois, règlements, décisions et statuts anciens ou récents, qui ont été compris sous le nom de lois fondamentales ; les dites lois ayant été abrogées, nous sommes tombés d'accord pour donner au royaume de Svéa et aux pays y appartenants la Constitution suivante, qui à partir de ce jour entrera en vigueur comme loi suprême du royaume... »

Dans l'appendice, la Constitution est confirmée et sanctionnée d'abord par les quatre « orateurs » ou présidents des états, ensuite par le roi qui l'accepte pour sa part comme une loi inviolable et la recommande à l'obéissance de tous et de chacun.

Ces deux textes, et principalement l'avant-propos, constituent, comme on le voit, une sorte de dialogue. Il semble qu'on y entende deux personnages se donner la réplique et conclure pour eux-mêmes et pour leurs descendants un accord, un contrat où sont établis des droits et des devoirs réciproques, — à peu près comme au temps du paganisme, lorsque le roi et le peuple se prêtaient serment l'un à l'autre. Le premier et le dernier, le roi y prend la parole et fait ses promesses, parfois dans des termes empruntés au style traditionnel des chancelleries, et qui semblent le désigner comme souverain par la grâce de Dieu et par droit de naissance. Mais si l'on regarde au contenu de ses déclarations et non à leur forme, et si l'on passe ensuite à la déclaration des états expliquant qu'ils possèdent maintenant le droit de donner eux-mêmes au pays une nouvelle Constitution et d'abolir par là toutes les lois fondamentales jusqu'alors en vigueur, on voit clairement quel est ici le vrai souverain. Les états ont seuls décidé de la Constitution et ils y ont fixé de leur propre initiative les limites entre leur pouvoir et celui du roi ; et c'est seulement après cela qu'ils ont offert la couronne au duc Carl. C'est juste l'inverse de ce qui se passe dans l'adoption des Constitutions « octroyées », lorsque le roi abandonne au peuple et au parlement certaines parcelles de son pouvoir.

On serait donc, dans une certaine mesure, autorisé à définir la Forme de gouvernement de 1809 « une Constitution octroyée par le peuple ». Cependant cette conception d'un souverain unique limitant volontairement sa puissance au profit d'autres copartageants du pouvoir ne s'accorderait pas bien avec les idées suédoises. Le peuple est *en fait* le vrai souverain, car le peuple est éternel tandis que les dynasties royales sont sujettes à s'éteindre et à changer ; mais *juridiquement* parlant, le roi et le peuple sont des puissances égales dans l'État. C'est là une fiction au point de vue historique, mais c'est une réalité au point de vue constitutionnel. Car l'idée constamment présente dans la Constitution de 1809, c'est d'arriver à un partage aussi égal que possible entre les deux organes directs de l'État, le Roi et le Peuple, ou plutôt le Riksdag. Cette idée a reçu une expression singulièrement claire et pleine de sens dans les deux textes qui encadrent la Constitution, mais elle se retrouve, comme nous allons le voir, dans chacune des parties de l'édifice constitutionnel suédois.

II

LE ROI

Caractérisons d'abord la place du roi dans l'État.

Le roi doit professer la pure doctrine évangélique et appartenir actuellement à la maison des Bernadotte suivant le droit agnatique de primogéniture. Il est irresponsable dans ses actions ; il gouverne le royaume et décide seul dans les questions qui concernent le gouvernement. Mais en cela il n'exerce sa volonté et sa puissance qu'entouré de ses conseillers et sur les rapports présentés par eux ou (jusqu'à 1840) plus ordinairement par les quatre secrétaires d'État.

Il existe, d'après la nature des questions, différentes espèces de conseils où prennent part un plus ou moins grand nombre de « conseillers d'État » c'est-à-dire de ministres[1]; mais il n'y a pas de conseil des ministres au sens ordinaire de ce mot[2]. On doit tenir un procès-verbal des délibérations de chaque conseil. Le roi décide seul, comme on l'a vu, mais pour que ses décisions soient valables, il faut, — excepté en ce qui concerne les questions « de commandement », — qu'elles soient contresignées par un ministre ou un secrétaire d'État. Ainsi aucune décision royale ne devient un acte de gouvernement

1. Voici quelles sont ces différentes sortes de conseils : 1° le conseil ordinaire, grand et petit (le rapporteur + 3 conseillers d'État), pour les affaires ordinaires; 2° le conseil ministériel, pour les questions diplomatiques ; 3° le conseil dit « du commandement » (*Kommandokonseljen*), pour les questions militaires; et 4° le conseil de justice, pour les affaires judiciaires (question des grâces, etc).

2. Seulement lorsque le roi est absent pour un long voyage ou malade, le gouvernement est exercé par le « Conseil d'État » (*Statsrådet*), c'est-à-dire le ministère; mais c'est là un gouvernement intérimaire et non un conseil des ministres.

sans la collaboration d'une personne responsable devant le Parlement. Cette limitation formelle de la volonté du roi s'applique à tous ses actes gouvernementaux excepté à l'investiture des décorations, qui a lieu dans le « chapitre des ordres » et qui ne constitue pas un acte gouvernemental au sens ordinaire de ce terme. Au point de vue matériel, la volonté du roi est libre dans certains cas, et dans d'autres cas presque aussi limitée qu'au point de vue formel. C'est ce que nous allons voir en exposant successivement la part qui lui revient dans chacune des fonctions de l'État : fonctions exécutives, législatives (y compris les finances) et judiciaires.

Le pouvoir *exécutif* est dans sa presque totalité entre les mains du roi. Il se manifeste tout d'abord, comme il est naturel, par la direction de l'administration du royaume, par le commandement de l'armée et de la flotte et par une initiative générale dans les différents domaines de la vie politique. De plus, le roi a une autorité illimitée en matière de politique étrangère, de guerre et de paix, ainsi que dans la nomination des fonctionnaires[1]; il est seulement tenu d'observer les

1. Le roi nomme tous les fonctionnaires de l'administration civile, judiciaire et militaire, sauf les fonctionnaires inférieurs, qui sont nommés par les autorités compétentes

formes et les conditions prescrites par la loi, et particulièrement dans le dernier cas signalé. Remarquons en passant que les fonctionnaires suédois ont toujours occupé une situation très indépendante. A l'exception des chefs de services administratifs et des commandants de régiments ainsi que des fonctionnaires diplomatiques, — qui constituent la catégorie dite des « délégués » ou « hommes de confiance » amovibles, — les fonctionnaires ne peuvent être destitués qu'à la suite d'une procédure légale. A d'autres points de vue encore ils jouissent d'une grande indépendance dans tous leurs actes en dehors du service. Mais à part cette restriction, le roi est pour ainsi dire le seul maître dans les domaines que nous venons de signaler. Avec un soin tout particulier, on s'oppose dans le § 90 de la Constitution à une intervention quelconque des états dans les mesures

(bureaux centraux, chefs de service, etc...). Pour la nomination des pasteurs, on fait une part au principe électif : dans la plupart des paroisses les électeurs y collaborent avec les chapitres diocésains (*domkapitlen*). Les évêques sont désignés par le roi parmi trois candidats que lui présente le clergé du diocèse. Les bourgmestres des villes et à Stockholm les autres juges constituant le tribunal de première instance sont nommés suivant une procédure analogue, les citoyens présentant au roi trois candidats. — Les autorités municipales et les fonctionnaires municipaux sont tous élus par le peuple ou par ses représentants.

gouvernementales et dans la nomination des fonctionnaires; et le § 105 soustrait de même à leur contrôle les affaires diplomatiques et militaires, excepté en ce qui concerne les faits universellement connus et signalés par le comité de Constitution. A la suite des tristes expériences faites pendant « l'ère de la liberté », lorsque le Parlement tout-puissant intervenait dans l'administration du royaume, pourvoyait aux places et accaparait la politique étrangère, on se trouva naturellement amené à remettre ces questions entièrement entre les mains du roi et de ses conseillers responsables.

En revanche le pouvoir royal est sous la dépendance de la décision du Riksdag pour la plupart des mesures auxquelles est jointe une dépense budgétaire. Il se trouve lié par le budget à la fois en ce qui concerne les dépenses et les recettes; il ne doit ni dépasser le chiffre fixé ni opérer des virements. Seulement dans le cas où les dépenses ayant été inférieures aux prévisions, il en résulte des économies, le roi dispose de fonds dont il peut user dans certaines limites et qu'il peut faire servir à tel ou tel but désigné par lui. Déjà lors du règlement du budget de 1809-10, on décida que le roi aurait la libre disposition des excédents réalisés dans chacun des huit articles qui composaient alors le budget; on ajouta, il est vrai, qu'il serait tenu de les affecter exclusivement à l'article même où se serait produite l'économie. Enfin on met à la disposition du roi des « crédits » (*Regeringsformen*, § 63) auxquels il peut recourir dans des circonstances extraordinaires (guerre ou tout autre cas imprévu), mais à condition d'observer des formalités spéciales.

Dans ces limites, formelles et matérielles, le roi possède à lui seul tout le pouvoir exécutif sauf une exception sur laquelle nous reviendrons plus tard. Nous ajouterons en dernier lieu que le roi promulgue seul toutes les décisions de l'État, non seulement les siennes propres et celles qu'il a prises de concert avec le Riksdag, mais encore celles qui proviennent du Riksdag isolément. Par contre, il ne sanctionne pas toutes les lois et décisions adoptées par le Riksdag, comme on va le voir dans ce qui suit.

Les attributions *législatives* du roi touchent de très près à celles que nous venons d'examiner. Sans doute en ce qui concerne la confection ou la modification des lois constitutionnelles, des lois civiles et criminelles ou encore des lois ecclésiastiques, le pouvoir du roi n'est ni plus ni moins étendu que celui des états. Il règne ici entre le roi et le Riksdag une égalité complète pour ce qui est des droits d'initiative et de veto, et même du droit de sanction : une loi proposée par le roi et adoptée par le Riksdag n'a pas besoin de sanction ultérieure, bien qu'elle soit, comme on l'a vu, promulguée par le roi. De plus, celui-ci n'a aucune espèce de pouvoir législatif provisoire. De concert avec la Cour suprême, il peut, en l'absence du Riksdag, s'informer du vrai sens de la loi et en donner l'interprétation ; mais les états, au Riksdag suivant, ont le droit d'annuler sans autre forme l'interprétation royale.

En revanche, le roi de Suède possède en matière « économique » un pouvoir législatif étendu qu'il exerce tout seul. Cette autonomie ne se borne pas à des prescriptions administratives, à l'attribution de concessions pour entreprises privées et autres actes analogues ; elle comprend aussi un grand nombre de questions d'un intérêt général. L'origine de cette attribution royale doit être cherchée, comme nous l'avons vu, dans le droit de législation pour la paix que le moyen âge reconnaissait à ses rois[1]. Il s'adapta ensuite à toutes

1. Le texte le plus ancien où ce droit soit mentionné comme appartenant au roi seul (d'accord, il est vrai, avec le Conseil), se trouve dans les statuts de Skenninge, édictés en 1285 par Magnus Ladulås. Dans l'époque moderne, le droit d'émettre des ordonnances fut reconnu au roi d'une manière expresse en 1682, dans la réponse donnée par les états à une question de Charles XI sur ce sujet.

les questions nouvelles que le temps et les progrès de la civilisation amenaient avec eux, et qui ne se trouvaient pas inscrites sur le Code Général. La douane et l'accise ont aussi appartenu à cette législation royale. Il est difficile de lui assigner des limites bien définies, car on peut y faire rentrer « tout ce qui touche à l'économie générale du royaume » et qui n'est pas expressément désigné comme relevant de la législation commune du roi et du Riksdag[1]. Ce droit législatif laisse au roi un domaine très considérable où peut s'exercer son pouvoir autonome.

Par contre, son autorité sur les *finances* de l'État est très limitée. Sans doute la trésorerie avec l'administration financière qui s'y rattache sont placées sous sa haute direction, et les revenus ordinaires du royaume, aussi bien que les fonds extraordinaires votés par les états, sont à la disposition du roi (*Regeringsformen* § 64). Mais il n'a pas le droit de faire d'emprunt ni même d'intervenir dans les affaires de la dette publique et de la Banque du royaume.

1. Dans la loi organique du Riksdag de 1810 (§ 34) on déclare que ce pouvoir législatif du roi s'applique à « tout ce qui concerne l'administration économique générale du royaume, y compris les œuvres d'éducation et d'enseignement, l'assistance publique, l'économie rurale, les mines, etc..., etc... »

De même la part du roi dans l'établissement du budget est relativement petite. C'est lui qui présente les projets, mais il possède seulement le droit de veto contre l'abaissement éventuel des dépenses et recettes fixes ou, comme on dit, « ordinaires » et encore tient-il ce droit plutôt de la coutume que de la loi écrite ; il peut également refuser d'accepter tel crédit que les états auraient inscrit au budget contre sa volonté. Quant à la gestion des biens de l'État, quoique relevant du roi tout seul, elle a lieu suivant les principes que prescrivent les états. Naturellement le roi n'a le droit d'imposer aucune contribution, taxe ni charge d'aucune sorte, et il ne peut sans la volonté du Parlement élever le taux de l'accise et des douanes, excepté en ce qui concerne les droits d'entrée sur les céréales. En revanche, il peut, suivant une coutume reconnue, abaisser les droits non seulement sur les céréales, mais sur tous les autres articles. Ces deux concessions, qui marquent une adhésion à l'ancien droit, furent amenées par le long intervalle que l'on fixa en 1809 entre les sessions ordinaires du Riksdag.

De même, en vertu des plus anciennes traditions du droit suédois, le roi possède une part du pouvoir *judiciaire*, mais il y participe seulement en ce sens qu'il peut siéger et délibérer avec les membres de la Cour suprême, où il a droit à deux voix, et que les condamnations à mort doivent toujours lui être soumises. Naturellement il ne fait jamais usage du premier de ces droits, qui est comme une survivance respectable du temps où le roi rendait vraiment la justice. Du reste, il possède le droit de grâce en ce qui concerne les crimes, mais il doit décider sur cette matière en Conseil d'État et sur l'avis de la Cour suprême [1].

Parmi les autres attributions du roi de Suède nous signalerons les suivantes : il est le chef ou « primat » de l'Église luthérienne suédoise. Il peut convoquer les états en session extraordinaire, ce qui, avant 1866, était accompagné d'élections nouvelles, mais, il est vrai, le roi ne peut dissoudre le Riksdag une fois rassemblé,

1. La cour suprême (*Högsta domstolen*), qui constitue la dernière instance au civil comme au criminel, — son rôle correspond par conséquent en partie à celui de la Cour de cassation française, — se compose, d'après le règlement de 1809, de 12 et actuellement de 21 « conseillers de justice » (*justitieråd*) nommés par le roi. La Cour suprême n'a pas plus qu'aucune autre cour de justice qualité pour décider si les lois sont conformes à la Constitution (ce qui est le cas pour la Cour suprême des États-Unis). En revanche, elle fonctionne comme conseil chargé de vérifier et d'examiner la plupart des projets de loi, — ce qui la rapproche du Conseil d'État français et d'autres institutions du même genre.

avant que quatre mois ne se soient écoulés à partir de l'ouverture de la session[1]. De plus, c'est lui qui désigne les présidents (*talmän*) dans chacun des ordres, excepté pour le clergé, où l'archevêque d'Upsal avait de droit la présidence, comme il le fait aujourd'hui encore dans les Chambres. Ce privilège royal a une grande importance constitutionnelle : d'abord parce qu'il permet d'éviter les abus d'une majorité de parti dans les sections du Riksdag ; ensuite et surtout parce que le président a le pouvoir de refuser la mise aux voix de projets qu'il juge contraires aux lois fondamentales. Sans doute en pareil cas c'est le Comité constitutionnel qui doit, si les circonstances l'exigent, juger entre le président et son ordre, ou, comme aujourd'hui, entre le président et la Chambre. Mais cela n'empèche pas que les présidents ne soient, en vertu du droit que nous venons de signaler, les gardiens impartiaux des

1. En réalité, à partir du moment où la proposition du budget a été déposée. — Suivant la Constitution de 1866 (§§ 3 et 5) le roi a le droit de prescrire de nouvelles élections pour une des Chambres ou pour toutes les deux avant l'expiration du mandat. Si cette prescription se produit au cours d'une session, le Riksdag est dissous pour se réunir de nouveau dans le délai de trois mois au plus tard, et alors il ne peut être licencié avant quatre mois de présence. — Le système de la prorogation est inconnu au droit public de la Suède.

lois fondamentales et de la Constitution contre les tentatives qu'on pourrait faire pour dépasser les limites assignées aux pouvoirs du Riksdag ou de ses sections. Par là sont évités beaucoup de conflits possibles non seulement entre le Roi et le Riksdag, mais aussi entre les différentes parties du Riksdag. Ce règlement est donc un des nombreux rouages de sûreté dont dispose la Constitution suédoise pour prévenir des conflits d'attributions comme il s'en présente si souvent dans la vie politique ; mais il faut avouer qu'il ne convient guère à ce type constitutionnel.

Finalement le roi a encore un droit d'anoblissement ; il peut créer des nobles, des barons et des comtes, promotions qui d'ailleurs n'apportent avec elles aucune espèce de privilège ; les nouveaux titres ne passent en héritage qu'au fils aîné dans la ligne directe. Cette prérogative royale n'est plus exercée que très rarement et l'opinion publique tend à la faire disparaître [1].

1. Depuis 1859 (date de l'avènement de Charles XV), le droit en question a été exercé en tout 17 fois, dont 6 sous le règne d'Oscar II. — Comme on se fait souvent, en dehors de la Suède, des idées très fausses sur l'importance actuelle de la noblesse dans ce pays, je crois utile de donner à son sujet quelques renseignements précis. Le nombre des familles nobles encore existantes et non tombées en

III

LE RIKSDAG

Laissons maintenant le Roi, qui est le premier pouvoir, pour nous tourner vers le second, c'est-à-dire vers les *états* (*Ständerna*).

Lors de la Révolution de 1809, l'opinion publique demandait que l'ancienne division en quatre ordres, qui ne correspondait plus à l'organisation sociale du peuple, fût remaniée et remplacée par un autre genre de représentation. Les dangers qui menaçaient alors le pays et le délai très court dont on disposait, firent que cette réforme fut

quenouille était, à la date du 1er janvier 1895, de 717 sur un chiffre total de 3 033 familles créées. Ces 717 familles comprenaient, toujours à la même date, 13 105 personnes, soit une proportion de 0, 27 °/o de la population totale de la Suède. Sur ce chiffre, on comptait 6 015 individus de sexe masculin et 7 090 de sexe féminin. Parmi les femmes mariées, 68, 5°/o étaient des roturières. Les hommes adultes se répartissaient entre les professions suivantes : Officiers de terre et de mer 1 054 ; fonctionnaires (fonctions civiles, judiciaires et ecclésiastiques) 760 ; propriétaires terriens et agriculteurs 806 ; industrie, commerce et navigation 521 ; professions libérales (médecins, professeurs, etc.) 207 ; ouvriers 238 ; étudiants et divers 228. La noblesse suédoise, comme on peut s'en rendre compte déjà par ces chiffres, n'est pas riche et ses familles s'éteignent rapidement, ce qui est d'ailleurs le cas pour toutes les classes supérieures.

D'après l'ouvrage de P. FAHLBECK, *Der Adel Schwedens (und Finlands). Eine demographische Studie.* Jena, 1903.

remise à une époque plus favorable. Ainsi la loi organique de 1810 fut en somme une remise en vigueur de la loi du Riksdag de 1723, mais celle-ci revenait avec d'importantes modifications provenant de l'abolition des privilèges, qui avait eu lieu précédemment, ainsi que de la forme nouvelle donnée au gouvernement[1].

Bien que le Riksdag se compose de la réunion de quatre ordres, il ne représente pas néanmoins les diverses classes sociales qui le constituent, mais il représente avant tout le peuple suédois dans son ensemble. Il en était ainsi dès le début, lorsque le Riksdag était seulement convoqué pour les élections royales et autres grands événements politiques ; et tel fut aussi son caractère dans les

1. La représentation réunie au Riksdag comprenait ainsi : pour la noblesse, ordinairement le chef de chacune des familles introduites au Palais de la Noblesse (*Riddarhus*) ; — pour le clergé, les évêques et le « pastor primarius » (pasteur-président) de Stockholm, plus quelques pasteurs élus dans chacun des diocèses par leurs collègues ; on y ajouta plus tard (en 1823 et en 1840) des représentants des Universités ; — pour la bourgeoisie, des représentants des villes, dont le nombre varie suivant l'importance de ces dernières ; ils sont élus par de vrais bourgeois, plus tard (1856) par tous les industriels et gens de métiers et par les propriétaires de maisons ; de plus, quelques représentants de l'exploitation minière ; — pour les paysans, un représentant par district, avec cette réserve que deux ou plusieurs districts pouvaient se réunir pour choisir un seul représentant.

temps modernes, bien avant que les états devinrent l'assemblée gouvernante (1719-1772). C'est la conception qui est exprimée dans le premier paragraphe de la nouvelle loi organique du Riksdag ; voici, en effet, ce que nous y trouvons : « Les états du royaume sont les représentants du peuple suédois, et ils ne peuvent être soumis à d'autres prescriptions que les lois fondamentales du royaume[1]. »

Nous rappellerons à ce propos qu'en Suède il ne peut y avoir incompatibilité entre un mandat parlementaire et l'exercice de telle ou telle fonction. Pendant « l'ère de la liberté » on interdit aux conseillers d'État d'assister aux délibérations de la Noblesse, à laquelle ils appartenaient. Mais en dehors de cela, jamais en Suède aucune fonction n'a formé un obstacle à la députation. Les fonctionnaires constituèrent un ordre entier, celui du clergé ; beaucoup d'entre eux appartenaient à la noblesse, et depuis 1866 ils siègent en grand nombre dans l'une et l'autre Chambre. Un fait qui caractérise bien la vie politique suédoise,

1. La question de savoir si les députés étaient liés par des instructions spéciales ou devaient en demander à leurs électeurs, avait été déjà résolue par Gustave-Adolphe en 1614, et elle le fut de nouveau en 1747 pendant « l'ère de la liberté. »

c'est que ces serviteurs de la couronne s'opposent souvent aux projets présentés par le gouvernement. Mais c'est là une conséquence directe du paragraphe cité plus haut, et cette liberté s'accorde d'ailleurs très bien avec l'esprit général de la Constitution.

L'unité dans la préparation des questions était obtenue par six comités mixtes : 1° un comité constitutionnel, pour les questions qui touchaient les lois fondamentales ; 2° un comité des finances, pour le règlement du budget ; 3° un comité des subsides, chargé d'examiner le mode de leur répartition ; 4° un comité des lois, pour les questions législatives ; 5° un comité de la Banque pour les affaires de la Riksbank ; 6° pour toutes les autres questions, un comité « d'économie » et des pétitions. En dehors de ces comités, les ordres ou « états » pouvaient encore discuter entre eux par le moyen de « députations » provisoires. Pour qu'une décision du Riksdag fût valable, on exigeait dans les questions constitutionnelles l'assentiment des quatre ordres ; pour les autres questions on se contentait en général de l'adhésion de trois ordres seulement. Pour les affaires concernant le budget, les impôts et la Banque, au cas où les états ne pouvaient se mettre d'accord à leur sujet, elles étaient résolues à la simple majorité dans le comité des finances renforcé. D'autres questions pouvaient se résoudre de la sorte, bien que ce procédé donnât lieu à de perpétuels tiraillements. Ainsi donc, malgré la division en quatre, on avait pris des mesures pour que les états pussent conserver leur unité d'action et d'attitude.

Une chose remarquable dans la Constitution suédoise, c'est qu'elle réserve au Riksdag, tout comme au roi, certains domaines où il exerce tout seul le pouvoir exécutif aussi bien que le pouvoir législatif. C'est le cas pour la Banque du Royaume (*Riksbank*), qui depuis 1668 était déjà la banque des États, et pour le Comptoir de la Dette publique (*Riksgäldskontor*) qui administre depuis 1789 la dette du royaume. Et de même que le Riksdag dirige ces établissements par l'intermédiaire de ses représentants, les commissaires de la Banque et de la Dette, de même il est seul à leur donner des lois, et ce privilège, — indépendamment de la loi peu importante de 1830, — s'est maintenu jusqu'à nos jours (1897). Ce pouvoir autonome exercé par le Riksdag sur la dette publique et sur la banque d'État, a son principe dans les dures expériences qu'on avait faites des empiétements du pouvoir royal sous

Charles XII et tout récemment sous Gustave III.

L'autonomie en question se rattache aussi d'assez près à l'autorité considérable dont le Riksdag dispose en matière *financière* et *économique*, et sur l'établissement du budget, qui se fait en Suède non point sous forme de loi mais par décision du Riksdag seul, et non point en bloc mais chapitre par chapitre. Nous avons indiqué plus haut la part prise par le roi dans la fixation du budget. Son intervention est une barrière imposée au pouvoir du Parlement. Suivant une coutume reconnue, celui-ci ne peut, sans l'assentiment du roi, réduire les dépenses ordinaires affectées à l'administration, à l'armée, à la flotte, etc.., dépenses où le droit d'un tiers est généralement intéressé. Le Riksdag ne peut pas non plus diminuer les anciens revenus appelés « ordinaires », dont une partie remontent à un passé lointain, comme par exemple le produit des biens de la couronne et des autres propriétés de l'État, les amendes, etc... Mais par ailleurs le Riksdag détermine à lui seul les dépenses et les subsides ; ces derniers sont appelés « bevillningar ». On désigne sous ce nom de *bevillning* (*Regeringsformen*, § 60) : le produit des douanes et des accises, la taxe sur la fabrication et sur la vente des eaux-de-vie, le droit du timbre, l'impôt direct sur le revenu et la fortune, auquel s'ajoutent, — chose assez curieuse, — les revenus de la poste. Ainsi tout le droit d'imposition proprement dit est entre les mains du seul Riksdag. Joignez à cela que, sauf l'exception signalée plus haut (p. 66), la question si importante de la politique douanière le concerne presque exclusivement.

Nous devons remarquer aussi que les décisions du Riksdag au sujet des subsides (bevillningarna) ne sont pas sanctionnées par le Roi. Il y a donc là encore un domaine important de la vie politique où le Parlement règne en toute indépendance.

A côté de ce droit de décision en matière financière et économique, il faut signaler le droit de *contrôle* que le Riksdag possède en ces deux matières et qui est exercé pendant les sessions par le comité des finances et entre les sessions par 12 réviseurs (*Statsrevisorer*). Ce contrôle consiste avant tout à s'assurer que les crédits affectés à chaque destination particulière n'ont pas été dépassés, que ces crédits n'ont pas été transportés d'un article à un autre, enfin à vérifier l'emploi des économies signalées plus haut dans les principaux articles. Un autre aspect non moins important du droit de contrôle attribué au Riksdag, c'est l'examen auquel le comité constitutionnel soumet les procès-verbaux ou « protocoles » des délibérations du Conseil d'État, excepté, — comme on l'a vu, — ceux qui concernent les affaires étrangères et militaires. Cette attribution, particulière à la Constitution suédoise, remonte à « l'ère de la liberté » et elle représente la forme sous laquelle fut introduite la responsabilité ministérielle. Par cet examen du protocole, le Riksdag peut suivre dans tous les détails non seulement les actes du gouvernement, mais encore les déclarations et propositions des différents conseillers; elle peut rendre ceux-ci responsables et leur demander des comptes au cas où ils auraient agi contre la loi et la Constitution ou n'auraient pas de toute autre manière rempli leurs hautes fonctions avec le zèle et l'habileté nécessaires. (Regeringsform, §§ 106 et 107).

Nous avons déjà parlé de la part du Riksdag dans la *législation*. En ce qui concerne la Banque du royaume, il légiférait seul jusqu'à 1897; partout ailleurs, excepté dans la législation dite « économique », il partage à égalité le pouvoir avec le roi. Pour ce qui est des affaires relevant de la législation « économique », qui regarde exclusivement le roi, le Riksdag ne peut « décider autre chose ou plus que des propositions et des vœux destinés à être présentés au Roi. »

(Regeringsform, § 89). Mais si le roi abandonne au Riksdag une question de cette catégorie, il est procédé avec elle comme avec les autres questions législatives.

Parmi les autres attributions du Riksdag, nous remarquerons les suivantes.

Le Riksdag fixe lui-même la date de sa prochaine session ordinaire. Il devait se réunir primitivement tous les 5 ans, mais ce chiffre fut toujours abaissé à celui de 4 ou de 3 ans, qui marque à partir de 1845 la durée ordinaire d'une législature. En 1865 on prescrivit que le Riksdag se réunirait sans convocation spéciale le 15 janvier de chaque année.

Le Riksdag désigne un *procureur général* (« justitieombudsman ») qui doit, au nom de la diète, exercer sur les actes de tous les juges et fonctionnaires la même surveillance que le chancelier de justice au nom du roi. En outre, il est permis à tout citoyen suédois de signaler au dit procureur toutes les mesures administratives par lesquelles il se juge lésé dans ses droits. Cette institution est particulière à la Suède, et elle caractérise très bien le type de constitution qui s'est développé dans notre pays. — De plus, le Riksdag charge une *commission pour la liberté de la presse* (« tryckfrihetskommité ») de veiller au nom du Parlement à ce que la dite liberté soit observée. C'est encore une institution qui, dans une certaine mesure, fait pendant au « chancelier de la cour » et plus récemment au « chancelier de justice » surveillant la presse au nom du roi. Cette institution est intéressante à ce point de vue ; mais elle a perdu depuis longtemps toute signification. — Enfin le Riksdag, par l'intermédiaire d'un jury parlementaire (*opinionsnämd*), se prononce sur les actes de la Cour Suprême, en ce sens que le jury en question peut, — par une procédure très compliquée il est vrai, — voter l'exclusion de trois membres au plus de la dite Cour : d'ailleurs ce cas ne s'est jamais présenté jusqu'ici.

Il est clair que dans le cas où l'héritier du trône est mineur, le Riksdag institue à la mort du roi une régence, et qu'en cas de vacance du trône il dispose librement de la couronne et de la Constitution. Tout cela va de soi. Mais il faut signaler comme particulièrement suédoise la disposition suivante : si le roi, étant parti à l'étranger, reste pendant douze mois absent de son royaume et ne revient pas malgré l'invitation qui lui en est faite, ou bien encore si une maladie l'empêche de remplir pendant le même espace de temps ses fonctions gouvernementales, « les états du royaume prendront au sujet du gouvernement de l'État les mesures qui leur paraîtront les plus utiles. » Nous retrouvons dans ce paragraphe l'écho des expériences faites par le peuple suédois au temps de Charles XII.

IV

LE CONSEIL D'ÉTAT ET LES GARANTIES POLITIQUES

Comme il ressort de ce qui précède, le roi et le Riksdag sont, d'après la Constitution, précisément ces deux copartageants du pouvoir qui dans le préambule du texte fondamental sont représentés comme s'adressant l'un à l'autre et signant entre eux un contrat. Ils constituent la volonté de l'État, tantôt chacun pour soi dans des sphères différentes, tantôt ensemble sur un terrain commun. Mais ils ne se trouvent jamais, — excepté dans certaines circonstances solennelles, — en contact immédiat l'un avec l'autre[1]. Il existe entre eux un intermédiaire qui est, comme au temps du vieux Code Général, *le Conseil d'État* (Statsrådet) ; mais ni sa composition ni surtout sa

1. Une exception a lieu dans les cas fort rares où le roi convoque un « comité secret » pour se concerter avec lui sur d'importantes questions d'État (§ 54).

situation ne sont plus les mêmes que celles de l'ancien Conseil. Il n'est plus le tiers qui menace d'empiéter sur les sphères d'action des deux autres pouvoirs ; c'est comme l'organe et le serviteur de ceux-ci, que le Conseil d'État occupe, d'après le droit moderne, sa place dans la Constitution. Les conseillers d'État sont les hommes de confiance du roi, qui les choisit et les congédie à son gré. Il doit écouter leurs conseils et leurs remontrances, mais il n'est pas obligé de s'y conformer ; pourtant, comme nous l'avons vu, il n'a aucune puissance effective sans la collaboration des conseillers ou de quelque autre personnage responsable.

Le Conseil d'État, sous la forme que lui impose la Constitution de 1809, est une combinaison du Conseil tel qu'il était dans les anciens temps et du secrétariat d'État de Gustave III. C'est pourquoi il est plutôt un conseil qu'un gouvernement. De ses neuf membres, deux seulement, le ministre d'État pour les affaires étrangères et le ministre d'État pour la justice, prennent chacun sa part du gouvernement. Les autres (six conseillers d'État et le chancelier de la cour) ne s'occupent pas de l'administration du royaume et même ne présentent pas de rapport sur les questions traitées en Conseil d'État, sauf celles relatives à la loi fondamentale et à la liberté de la presse, lesquelles revenaient au chancelier de la cour. Toutes les autres questions sont confiées à quatre secrétaires d'État, qui même peuvent contresigner les décisions du roi et endosser ainsi la même responsabilité que les conseillers d'État.

Comme on le voit, la Suède n'a en aucune façon ni un conseil des ministres ni un gouvernement ministériel. Cet état de choses, si particulier à notre pays, s'est toujours maintenu, malgré la modification qu'on apporta en 1840 au fonctionnement du Conseil d'État, et qui en fit un véritable gouvernement. Les ministres suédois ne peuvent prendre de leur propre initiative aucune décision tant soit peu importante, mais seulement préparer par des mesures convenables les questions gouvernementales, et en outre statuer sur l'application des décisions prises en Conseil d'État. Toutes les affaires gouvernementales, même les plus insignifiantes, doivent être présentées devant le roi dans le Conseil d'État, pour y être tranchées par lui seul. Nous avons encore là une conséquence de cette idée fondamentale de la Constitution suédoise, à savoir que seuls le roi et le Parlement doivent détenir et exercer le pouvoir de l'État.

D'autre part, les conseillers d'État (et les secrétaires d'État) sont responsables de leurs actes devant le Riksdag en tant que conseillers du roi et contresignataires de ses décisions. Bien qu'ils n'appartiennent pas aux états mais au Roi, ils garantissent pourtant devant les états tous les actes accomplis par le roi. Cet organe responsable devant le Parlement, et liant vis-à-vis du Parlement le roi irresponsable, est le rouage le plus délicat de la monarchie constitutionnelle; c'est une invention bien suédoise, résultant d'une expérience gagnée au cours d'une histoire politique longue et mouvementée.

Notons aussi la façon très curieuse dont cette responsabilité est réglée : elle se présente sous la forme d'un examen des protocoles du Conseil d'État. Nous ne trouvons de disposition semblable qu'en Norvège, et encore est-ce là un emprunt fait directement à la Suède et peu à sa place dans l'autre pays. Chez nous ce système se rattache à l'absence de tout gouvernement ministériel. Ce ne sont pas les actes des conseillers d'État, mais leurs délibérations qui sont l'objet propre de la responsabilité, tout simplement parce qu'ils n'accomplissent pas d'actes gouvernementaux (excepté dans le cas d'un gouvernement intérimaire). Ils se contentent d'appuyer ou de déconseiller ces actes, et éventuellement de les contresigner. C'est pourquoi il est prescrit dans la loi fondamentale qu'un protocole sera tenu dans le Conseil d'État et que les conseillers présents auront à répondre non seulement pour leurs déclarations mais encore pour leur silence; et c'est pourquoi les protocoles de ce genre sont mis à la disposition de la commission constitutionnelle du Riksdag. Ainsi une particularité en appelle une autre.

La responsabilité peut, en cas de besoin, être appliquée de deux manières. Au point de vue juridique elle a lieu par l'intermédiaire du comité constitutionnel et du procureur général de la diète, devant une Haute Cour composée de fonctionnaires et réunie d'une façon particulière. La responsabilité politique est mise en œuvre, d'après la Constitution (§ 107), par le Riksdag lui-même au moyen d'une requête présentée au roi à l'effet de renvoyer tel ou tel conseiller d'État, — requête à laquelle le roi peut déférer ou non, suivant qu'il le juge à propos. Ces deux manières de demander des comptes aux conseillers d'État sont par la suite sorties de l'usage, à mesure que devenait plus étroit le contact entre les ministres et le Parlement : leurs relations mutuelles sont en effet devenues plus intimes avec le temps, en partie comme conséquence du droit accordé aux ministres de prendre part aux discussions du Riksdag (depuis 1860), en partie grâce à l'institution des Chambres annuelles (depuis 1866). Au lieu de cela, voici le procédé actuellement employé : le comité constitutionnel ou bien, — sous forme de « réservation », — l'un de ses membres dénonce au Riksdag les actes jugés illégaux, — ce sont d'ordinaire de simples bagatelles, — et il s'ensuit tout simplement ce qu'on appelle une « discussion de décharge » (*dechargedebatt*), laquelle n'aboutit généralement à rien.

Mais en dehors de cette garantie pour le maintien de la Constitution, pour la liberté et la sécurité générales, la Forme de gouvernement signale encore une autre garantie, à savoir la *liberté de la presse*. Dans les constitutions d'autres pays, la liberté de la parole et de la presse est ordinairement considérée au point de vue exclusif de l'individu, comme un de ses droits personnels. Or il n'en est pas question dans l'acte d'habeas corpus de la Constitution suédoise (§ 16), lequel est emprunté directement à l'ancien serment royal. En revanche, un paragraphe spécial (§ 86) est consacré à la liberté de la presse comme à un des éléments essentiels de la Constitution ; et la même conception s'exprime aussi par ce fait que le règlement sur la liberté de la presse est une des lois fondamentales du royaume. Les fondateurs de la Constitution de 1809 ont affirmé avec insistance que la liberté de la presse était une des meilleures garanties du régime nouveau, non seulement comme une protection pour la liberté et les droits des citoyens, mais avant tout comme un moyen pour contrôler le gouvernement du pays, et pour conformer à la volonté populaire la volonté politique des deux éléments du pouvoir, le Roi et le Parlement. C'est pourquoi le paragraphe 86 entend par la liberté de la presse, non seulement que tout citoyen suédois aura le droit de publier des écrits sans aucun obstacle de la part des pouvoirs publics et sans avoir de compte à en rendre excepté devant une juridiction régulière, mais encore que tous les actes et protocoles publics, quelle que soit leur nature, pourront être publiés, à l'exception de ceux du Conseil d'État, de la Banque du royaume et du Comptoir de la dette publique, lesquels devront être secrets et seront examinés seulement par le Riksdag. — Cette liberté de la presse, introduite d'abord en 1766, mais plus tard limitée puis supprimée, est une des pierres angulaires de l'édifice que les hommes de 1809 construisirent. Le grand jour de la publicité est la meilleure garantie de la liberté et le moyen le plus sûr pour contrôler le gouvernement d'un pays. Dans aucune constitution ce principe n'a été compris aussi clairement ni exprimé avec plus de force que dans la constitution suédoise. Que la liberté de parole, à côté de ses avantages, ait aussi de graves inconvénients, par exemple quand elle est mise au service d'une agitation politique, c'est là ce qu'on ne pouvait guère prévoir au commencement du XIXe siècle.

Cependant la première de toutes les garanties pour la solidité de la nouvelle Constitution ainsi que pour le maintien de la liberté et des droits des citoyens, on la trouve en somme dans la Constitution elle-même et dans sa structure particulière. Le pouvoir n'est pas confié sans partage à une seule main. Il existe deux pouvoirs qui se limitent mutuellement et entre lesquels l'exercice de la puissance publique est réparti de façon à rendre impossibles tout despotisme et toute violence. Telle est la pensée directrice qui se manifeste dans l'œuvre de 1809 et qui a été d'ailleurs fortement exprimée par les auteurs de la Constitution. Nous y reviendrons encore tout à l'heure.

Il nous reste seulement à ajouter que toute modification de la Constitution, et en général les changements apportés aux lois fondamentales exigent l'adhésion du roi et des quatre états (aujourd'hui des deux Chambres), — l'assentiment du Riksdag étant donné deux fois, dont la dernière immédiatement après de nouvelles élections.

CHAPITRE IV

Modifications postérieures. Caractère de la Constitution.

I

NOUVELLES DISPOSITIONS CONSTITUTIONNELLES ET REFONTE INTÉRIEURE DE LA CONSTITUTION

La Constitution de 1809 reste encore solide sur ses bases, malgré les modifications considérables subies par elle au cours du siècle qui vient de finir. Nous avons déjà eu l'occasion de signaler quelques-unes de ces retouches; nous allons exposer brièvement les plus importantes et les plus étendues.

Il faut placer en première ligne la réforme accomplie dans le *mode de représentation*, réforme par laquelle le vieux Riksdag à quatre « états » est devenu un moderne Riksdag à deux Chambres. Après toutes sortes d'amendements destinés à élargir les cadres des anciens états et à y faire entrer des catégories nouvelles d'individus, la réforme définitive eut lieu en 1865 et l'on adopta les principes suivants. Les deux Chambres, sans tenir compte de la différence numérique, sont placées sur le pied d'égalité complète. La Chambre haute (150 membres) est nommée par les conseils généraux (*landsting*), qui sont les représentations communales de degré supérieur, et dans les grandes villes par les conseillers municipaux ; ses membres sont choisis dans les classes aisées de la société[1] et élus chacun à part pour une période de 9 ans. Les membres de la Chambre basse sont actuellement au nombre de 230, dont 150 pour les campagnes et 80 pour les villes ; ils sont nommés dans des circonscriptions électorales, — différentes pour les villes et pour les campagnes, — parmi tous les individus qui jouissent du droit de vote conformément à certaines prescriptions censitaires[2] ; leur mandat est de

1. Pour être éligible à la Chambre haute, il faut, en dehors des aptitudes civiques ordinaires, être âgé de 35 ans au moins et posséder ou bien un revenu annuel minimum de 4 000 couronnes (5 600 fr.) ou bien une propriété immobilière valant au minimum 80 000 couronnes (112 000 fr.).

2. Pour être électeur, il faut, — en plus des conditions ordinaires, — avoir 21 ans accomplis (25 ans pour être éligible et posséder soit un revenu d'au moins 800 couronnes (1 120 fr.), soit une propriété foncière valant au moins 1 000 couronnes (1 400 fr.), ou bien encore avoir pris à ferme pour 5 ans ou pour la vie une exploitation agricole de

trois ans. Les membres de la seconde Chambre doivent appartenir aux circonscriptions électorales ; à la différence de ceux de la première Chambre, ils touchent une indemnité parlementaire. Les membres du Riksdag représentent chacun isolément le peuple tout entier, et suivant l'ancien droit suédois, ils ne sont liés ni par un mandat impératif ni par d'autres instructions.

L'organisation des comités ainsi que les formalités requises pour adopter une décision restent dans leurs traits généraux les mêmes qu'auparavant. Seulement, au lieu du vote dans le comité renforcé pour trancher les questions de dépenses et d'impôts, etc..., au sujet desquelles l'entente était impossible, on a adopté le système du vote général des deux Chambres. Le Riksdag entre en session le 15 janvier de chaque année et dure pendant quatre mois.

Considérée en elle-même et au point de vue de

6 000 couronnes (8 400 fr.) au minimum ; il faut également avoir payé ses contributions à l'État et à la commune. — La statistique de 1902 nous apprend qu'avec ce système censitaire, 34,3 % seulement de la population masculine au-dessus de 21 ans jouissent du droit de vote. En fait cependant, le nombre des citoyens remplissant les conditions censitaires et ayant un revenu de 800 couronnes est beaucoup plus considérable que ne l'indique la statistique officielle ; mais beaucoup se soustraient à la taxation et perdent ainsi le droit de voter.

l'aspect extérieur de la représentation, cette réforme parlementaire constitue une réorganisation très importante. En fait elle n'est pas aussi considérable ; elle est même beaucoup moindre qu'on ne se l'imagine couramment : c'est qu'en effet le peuple suédois continue à être représenté par les mêmes éléments sociaux, bien que ceux-ci ne se trouvent plus entre eux dans les mêmes proportions. Les paysans constituent actuellement le contingent le plus fort : il y en a 100 dans la seconde Chambre. Ainsi la composition du Riksdag a été fortement démocratisée. Tel est au fond tout le changement qui s'est produit. Mais dans l'opinion commune, pour ceux qui ne voient guère de la Constitution que ce qui a trait aux luttes et aux désirs politiques du jour, — c'est-à-dire avant tout au mode de représentation et au droit de vote, — la réforme introduite en 1866 dans la représentation parlementaire apparaît comme une refonte complète de la Constitution suédoise, alors qu'en réalité cette réforme ne l'atteint guère directement. Au point de vue du droit, les relations entre les deux pouvoirs, le roi et le peuple, n'ont subi par là aucune espèce de modification ; et grâce au principe de l'égalité juridique des deux Chambres, il semble même qu'en fait la réforme ne dût causer aucun ébranlement dans l'édifice constitutionnel. Car ce partage de la représentation en deux Chambres placées exactement au même niveau et pourtant différentes, forme, ainsi que nous aurons l'occasion de le montrer plus longuement, l'un des principes fondamentaux du type de constitution qui s'est développé en Suède.

La première Chambre est aussi la création la plus remarquable dans la nouvelle organisation du Riksdag ; elle nous offre un type supérieur à celui de presque toutes les autres Chambres hautes. Elle émane entièrement en effet du suffrage populaire, aucun de ses membres ne siégeant par exemple en vertu du choix du monarque ou d'un droit héréditaire ; d'autre part, elle a dans les assemblées provinciales considérées comme collèges électoraux un fondement organique solide où elle puise une grande force ; enfin, la Constitution la met sur le pied d'égalité complète avec la Chambre basse (sauf au point de vue numérique), car, comme celle-ci, elle a dans ses attributions le règlement de toutes les affaires, y compris les questions financières. Ces principes n'ont été que peu observés ou même ne l'ont point été dans l'organisation de la Chambre haute des autres pays; c'est pourquoi cette dernière joue partout un rôle inférieur à celui de la Chambre basse, sauf aux États-Unis et en Suisse où ont prévalu des principes essentiellement analogues à ceux qui ont triomphé en Suède. Toutes ces raisons font que la première Chambre est maintenant le plus ferme appui de la Constitution, depuis que le pouvoir royal ne peut plus bien soutenir le rôle que la Constitution lui a confié.

De ce qui précède il ressort en outre que l'institution, aujourd'hui imminente, du suffrage universel pour la seconde Chambre, ou même une réforme de la première Chambre, si un jour elle devient nécessaire, n'auraient que peu d'influence immédiate sur la structure de la Constitution, en admettant toutefois que l'égalité complète soit maintenue entre les deux Chambres et que le système dualiste de la représentation ne soit en rien ébranlé.

La modification constitutionnelle qui est la plus frappante ensuite, la réforme du *Conseil d'État* (1840) mentionnée plus haut, consolidée ultérieurement en 1876 par la nomination d'un ministre d'État comme président, n'a en rien altéré les fondements de la Constitution. Lorsque, lors de la réforme ci-dessus mentionnée, les secrétaires d'État furent supprimés et que tous les conseillers d'État à l'exception de trois devinrent chacun chef de leur département et leur propre rapporteur au Conseil d'État, le but visé était d'obtenir une collaboration plus intime entre le législatif et l'exécutif, entre le gouvernement et l'administration. Ce résultat fut atteint, mais en même temps les liens se relâchaient entre les membres du gouvernement, dont chacun, accablé par la besogne, s'absorbait désormais dans les affaires de son propre département[1]. C'est à ce mal qu'on voulut remédier par la réforme de 1876 qui devait donner au gouvernement à la fois une direction et une plus grande force de cohésion.

Il pourrait sembler à un observateur étranger que par cette réforme le Conseil d'État suédois fut transformé en un ministère, en un cabinet au sens européen. Il est possible que même en Suède beaucoup s'y soient trompés. Mais en réalité il n'y a pas maintenant plus qu'auparavant de gouvernement ministériel sous aucune forme ni de gouvernement de parti, conditions sans lesquelles il n'est point de cabinet au sens où l'on entend ce mot en Europe. En augmentant les attributions des conseillers d'État et en donnant au Conseil même une organisation plus solide, on n'avait pas pour but d'en faire un organe pour le gouvernement de parti, mais, au contraire, de le ren-

1. Le Conseil d'État fonctionne aussi comme tribunal administratif jugeant en dernière instance, ce qui lui impose beaucoup de travail.

dre plus fort et plus propre à résister aux empiétements du Riksdag. Chacun sait que ce but ne fut point atteint. Il faut en chercher la raison non seulement dans les Riksdags qui depuis 1866 se sont réunis tous les ans, mais encore dans une autre réforme dont les conseillers d'État ont été l'objet. En 1860 les membres du Conseil d'État furent autorisés à assister aux délibérations du Riksdag où, sauf de rares exceptions, ils n'avaient pas de siège. Cette innovation avait pour but de faciliter les relations entre les deux pouvoirs, le Roi et le Riksdag, et de permettre au gouvernement de défendre devant les Chambres ses prétentions et ses projets. Cet avantage fut chèrement acheté. Car l'effet immédiat de cette mesure est que le pouvoir exécutif de plus en plus perd l'autonomie qui lui est nécessaire et devient dépendant du Riksdag. La réforme de 1860 est au fond en contradiction avec l'esprit de la Constitution et la nature des choses. Un ministère qui ne peut diriger les travaux de la représentation nationale n'a rien à faire à la Chambre.

D'autres réformes, quelque importantes qu'elles aient pu être en soi, ont exercé sur la structure de la Constitution une influence encore moindre que les réformes précitées. Telles furent les nouvelles lois municipales de 1862, par lesquelles l'ancienne autonomie paroissiale revêtit de nouvelles formes, et l'organisation du synode (1863) qui donna à l'Église suédoise une représentation autonome et même, chose à noter, le droit de veto contre le roi et le Riksdag en ce qui concerne les questions de législation ecclésiastique. C'est encore là une conséquence naturelle du principe constitutionnel de la séparation des pouvoirs. Enfin on peut noter comme innovation que des questions se rattachant à la législation économique royale sont assez fréquemment réglées selon la procédure législative commune au roi et au Riksdag. Cette restriction des droits du roi d'une part est d'ailleurs compensée par une extension de ces mêmes droits d'autre part[1].

Ce serait pourtant une erreur de s'imaginer qu'au cours du dernier siècle il ne se soit pas produit des modifications très importantes qui touchent le fondement de la Constitution, le rapport entre les deux pouvoirs et leur situation réciproque. Mais ces modifications, contrairement à

1. C'est ainsi que la loi municipale, la loi criminelle militaire et la dernière loi sur la banque d'État, ont été soumises à la « procédure commune » en vertu du § 87. Mais d'un autre côté on s'en remettait en même temps au roi du soin de régler certaines questions de nature économique, sanitaire, sociale, etc. que l'évolution présente sans cesse.

celles dont nous parlions plus haut, se firent sans bruit, et la plupart échappèrent à l'œil de la foule ; leurs causes, surtout, restèrent cachées. Ces causes résident en effet dans les conséquences involontaires de dispositions visant un tout autre but (par exemple l'accès des conseillers d'État au Riksdag ou les sessions annuelles de cette assemblée), conséquences qui dérivent de la logique même des choses, le plus souvent ignorée des auteurs de ces mesures et à peine soupçonnée par ceux qui les appliquent. Ces causes jouent dans la vie politique et dans l'évolution des constitutions le même rôle que les forces géologiques lentes dans la formation de la croûte terrestre. Les modifications séculaires de l'écorce du globe, qui échappent souvent aux yeux des vivants, surpassent de beaucoup dans leurs effets les ébranlements brusques causés par les tremblements de terre. De même, des générations passent sans qu'on remarque les causes politiques et leurs effets, puis un beau jour les yeux s'ouvrent et on constate qu'un grand changement s'est produit, bien plus profond que les réformes faites au milieu des discussions et du vacarme. Cette transformation sera mieux mise en lumière par l'étude que nous ferons plus loin du parlementarisme suédois.

II

CARACTÈRE GÉNÉRAL DE LA CONSTITUTION

Le partage du pouvoir entre le roi et le Riksdag, voilà en deux mots le trait fondamental de la Constitution suédoise. Partout on voit ce caractère ressortir avec une grande netteté. Nous le constatons tout d'abord dans la délimitation des différentes attributions du roi et du Riksdag ainsi que dans leur coopération sur d'autres domaines. La vie politique est pour ainsi dire partagée en zones où les deux pouvoirs agissent séparément ou de concert. Ce même principe se manifeste encore dans le remarquable parallélisme des institutions et des compétences : le Statskontor, le comptoir des finances d'État qui dépend du roi, et le Riksgäldskontor, le comptoir de la dette publique qui dépend du Riksdag — le Justitiekansler, le procureur général du roi, et le Justitieombudsman, le procureur général du Riksdag ; — de même en ce qui concerne la surveillance de la liberté de la presse, la sanction des lois, etc.

La Constitution suédoise est sans doute tout à fait originale et elle diffère beaucoup de celles qu'on trouve dans le reste de l'Europe. Elle est nationale et historique et cependant elle a revêtu une forme moderne. Des considérations historiques ci-dessus il ressort avec une grande clarté que la Constitution suédoise est certainement une vieille Constitution historique, en ce sens qu'elle est l'aboutissement d'une évolution plusieurs fois séculaire. Elle a ainsi tous ses points d'appui dans le passé. Mais cet aperçu historique nous a fait voir également qu'elle est sortie comme un produit vivant de cette évolution et non comme un assemblage hétérogène des débris d'anciennes constitutions et de principes juridiques surannés. Au contraire, la Constitution de 1809, tout en conservant les traits nationaux, est une constitution éminemment nouvelle, et cela de deux façons. En premier lieu, elle est en opposition directe avec les deux régimes qui l'ont précédée immédiatement, l'autocratie royale et le despotisme des états. D'autre part, cette Constitution est nouvelle en ce sens qu'elle est une œuvre pleinement consciente et intentionnelle. En particulier le partage du pouvoir entre le roi et le Riksdag est le fruit d'une mûre réflexion et d'un dessein bien arrêté. Le problème consistait à trouver un régime qui à l'avenir rendît impossible tout abus de pouvoir, qu'il vînt du roi ou du Riksdag. La solution de ce problème suivant des principes nationaux donna la Constitution que nous avons aujourd'hui.

Car le partage du pouvoir, ou, comme on s'exprimait alors, « la limitation réciproque des pouvoirs politiques » est, — ainsi raisonnaient les hommes de 1809, — la seule manière d'en empêcher l'abus.

La responsabilité ministérielle, qui est une garantie contre le prince, laisse l'État sans protection contre le Riksdag ou contre la puissance populaire. Seulement, si le pouvoir est partagé entre le roi et le Riksdag, les deux pouvoirs sont limités et par là-même se trouve assurée la liberté de tous. Les législateurs de 1809, guidés par leurs propres expériences, se rencontrèrent avec Montesquieu. Car la vérité impérissable qui se dégage de la politique de ce grand Français est que le partage du pouvoir est le vrai palladium de la liberté civile et politique. C'est là aussi le témoignage de l'histoire, non seulement de notre histoire, mais de celle de tous les peuples et de tous les temps. Le pouvoir sans partage, qu'il soit aux mains d'un prince ou d'une aristocratie ou de tout le peuple, met infailliblement la liberté en danger et conduit à l'oppression. De nos jours on a souvent l'occasion de le constater : en Russie d'une part, et d'autre part dans les États à gouvernement démocratique, et dans ce cas, ordinairement sous la forme de l'oppression de la minorité par la majorité. La tyrannie d'une majorité est dans la vie politique moderne un phénomène habituel. Or, cette ty-tyrannie est d'autant plus redoutable que de nos jours la toute-puissance de l'État devient de plus en plus menaçante. Nous nous rapprochons de plus en plus de la conception qu'avaient les anciens des droits de l'État sur l'individu. Il y a là pour la liberté un grand danger que l'on sent parfaitement. C'est pour cela même qu'on a pris différentes mesures pour parer aux violences d'un parlement absolu et d'une majorité tyrannique.

Ce genre de précautions nous apparaît sous sa forme la plus naïve dans la Déclaration des droits de l'homme. Certes cette manifestation était peut-être tout autant une protestation contre l'oppression sous laquelle on gémissait, — et cela particulièrement en France, — qu'une protection contre tout abus du pouvoir ultérieur de l'État. Mais il est certain que les auteurs de la Constitution de 1791 s'imaginaient avoir trouvé une garantie réelle contre toute espèce de tyrannie dans ce principe des droits inaliénables de l'homme qu'ils posaient en tête de la Constitution. Combien cette garantie était précaire, on ne devait que trop s'en apercevoir un an à peine après cette proclamation. Il est donc imprudent de placer sa confiance dans de telles déclarations, encore que rédigées sous forme de textes de loi[1].

D'une tout autre efficacité sont les moyens et expédients de différents genres auxquels on a recouru d'autre part. Par exemple, on a placé la Constitution sous la protection des tribunaux, comme aux États-Unis ; on a rendu plus difficile la modification de la loi fondamentale et on a fait rentrer la loi civile dans la Constitution, comme dans les différents États de l'Union ; d'autre part, on a adopté la représentation proportionnelle qui de plus en plus semble gagner du terrain. Notons encore le referendum en Suisse et dans les États de l'Union.

Mais la plupart de ces mesures sont, précisément quand on en a le plus grand besoin, tout à fait impuissantes. Tant que les hommes seront hommes, tant que leur esprit et leur cœur ne changeront pas, la majorité ne respectera jamais la minorité chaque fois qu'il se présentera un conflit sérieux. Jusqu'à nouvel ordre le partage du pouvoir entre les différents détenteurs de la puissance de l'État, comme entre les deux Chambres, est le

1. Voir A. Esmein dans son exposé, d'ailleurs si remarquable, intitulé : *Éléments de droit constitutionnel français et comparé*, 3e édition, 1903, p. 382 et suiv.

rempart le plus sûr de la liberté individuelle[1]. L'exception à cette règle que semble faire le remarquable gouvernement de l'Angleterre est plus apparente que réelle. Car même dans ce cas il y a deux détenteurs du pouvoir, ne l'exerçant pas en même temps, il est vrai, mais se relevant alternativement, selon une tradition spéciale aux partis anglais.

Mais si un tel partage du pouvoir, considéré d'une façon générale, est la meilleure sauvegarde de la liberté, il n'en résulte nullement que la manière dont ce partage s'effectue dans la Constitution suédoise est la meilleure qu'on puisse imaginer, ou que ce système ne présente aucun autre genre d'inconvénients. Les législateurs de 1809 n'avaient pas de modèle à imiter, et d'autre part ils étaient liés par les institutions existantes et les expériences du passé. Et comme les dernières impressions sont toujours les plus fortes, on en tint compte dans certains cas plus qu'on n'aurait dû le faire. C'est ainsi que les abus que Gustave III avait faits des grandes douanes maritimes firent placer ces douanes sous l'autorité presque exclusive des états. Il en fut de même de la dette

1. Dans l'ancienne Rome on avait aussi compris l'importance du partage du pouvoir et on l'avait réalisé comme nulle part ailleurs.

publique qui, comme la Banque du Royaume, fut mise complètement sous leur surveillance. Dans d'autres cas, des coutumes ou des conceptions anciennes conduisaient à des résultats identiques. Par exemple, la question des impôts en général et de leur fixation n'est pas réglée par une loi due à la collaboration du roi et du Riksdag, mais par une décision de cette seule assemblée agissant comme autrefois les ordres agissaient séparément.

Mais ce qu'il y a de plus grave, c'est que dans cette répartition des pouvoirs le Conseil d'État, qui est l'organe même du gouvernement, fut laissé en dehors. On fit le partage de façon à ne rien lui donner en propre. Le roi et les états prirent tout et le Conseil d'État devint un organe n'ayant que voix consultative, sans autonomie et sans autorité. Ce fut là une conséquence de la désorganisation du Conseil en 1680. Autrefois on avait eu en Suède un Conseil gouvernant et même un gouvernement de cabinet. Mais la négligence dont le Conseil se rendit coupable sous la régence de 1660-1672, ainsi que le mécontentement contre la noblesse l'avaient rendu à un haut degré impopulaire. C'est pour cette raison qu'il fut facile dans les temps qui suivirent et où alternèrent l'absolutisme et le gouvernement par les états, d'ôter toute indépendance au Conseil. Aussi, lorsqu'on en vint en 1809 au grand règlement de comptes entre les deux détenteurs du pouvoir, qui depuis cent ans avaient joui tour à tour de la souveraineté absolue, le Conseil fut-il laissé de côté, ce qui d'ailleurs avait été son lot depuis longtemps. Le nouveau Conseil d'État fut simplement une Chambre consultante au service du roi et pour les états une garantie contre ce dernier, mais rien de plus. Les réformes de 1840 et de 1876 n'ont même apporté aucune modification sur ce point. Le Conseil d'État suédois est certainement par là même devenu un gouvernement en ce qui concerne l'administration, mais non pas pour le reste. Le Conseil d'État en tant que gouvernement est toujours un simple instrument entre les mains du roi, sans autorité propre.

Tant que le roi comprit ses droits et ses devoirs selon l'esprit de la Constitution et gouverna lui-même le royaume, ceci fut de peu d'importance. Mais sous l'influence de l'esprit du temps la royauté depuis 1809 semble avoir subi les atteintes de la vieillesse. Elle semble ne plus avoir la force de tenir le rôle qui lui avait été alors assigné. En même temps le Conseil d'État, par suite des causes mentionnées plus haut (p. 96) est tombé sous l'influence de la représentation nationale, ce qui ne s'accorde pas avec le reste de la Constitution. Le pouvoir exécutif court le risque de perdre sa force et en même temps le sentiment de sa responsabilité.

Voilà donc le point faible de la Constitution actuelle de la Suède et ce qui a le plus de chance de la faire évoluer au-delà de ses propres limites. Mais la faute n'en retombe pas tant sur les hommes de 1809 que sur ceux qui, après eux et sans avoir une claire compréhension de la véritable nature de l'œuvre, l'ont remaniée.

Mais si le type de la Constitution suédoise ne ressemble à aucun autre et si pour cette raison il a été méconnu à la fois chez nous et à l'étranger, il n'en est pas moins tout aussi moderne que les autres types de Constitution en vigueur et répond aussi bien qu'eux à l'idée de l'État unitaire moderne. Les critiques qu'on a coutume d'adresser à la Constitution suédoise et qui reviennent à déclarer que le régime suédois a conservé un caractère médiéval[1], sont dépourvues de tout fondement réel. Car le dualisme qui s'y manifeste n'est pas, comme on le croit, une survivance du temps où l'État était effectivem[illegible] entre

1. Ainsi surtout G. JELLINEK, un des plus éminents parmi les juristes allemands qui se consacrent à la science politique ; *Allgemeine Staatslehre*, 1900, p. 477, 486, 639.

le monarque et les états et où on n'avait pas encore compris que l'unité de l'État dominait l'un et les autres. Ces jugements et toutes les appréciations analogues proviennent d'une part de l'ignorance, bien naturelle chez des étrangers, du passé de la Suède, et d'autre part, d'une méconnaissance de la véritable nature du dualisme suédois.

Jamais en Suède, même à l'époque la plus aristocratique du moyen âge, ne s'est réalisé le dualisme dont parle Jellinek, et qui par exemple en Allemagne et en Pologne donnait aux états leur armée et leur administration propres à côté de celles de l'empereur ou du roi ; jamais en Suède on n'a connu ce dualisme qui se présente dans les pays où la féodalité a atteint son plein développement. La Suède n'a pas eu d'aristocratie de ce genre, et c'est d'une telle aristocratie que dérive le dualisme dans l'État médiéval. Mais d'autres circonstances encore s'opposaient à cette évolution vers le dualisme. Le fait que la Suède était composée de plusieurs royaumes lui donna dès l'origine dans l'esprit des hommes une existence propre, indépendante de celle de ses éléments constituants. Le mot bien connu du Code général : « Pour toute la Suède il ne peut y avoir qu'une seule couronne et qu'un seul roi, » et le passage suivant : « Le roi ne doit pas diminuer les droits de la couronne au profit d'un autre roi », montrent fort bien comment dès le moyen âge on concevait le royaume et la royauté, — l'un comme l'État placé au-dessus de tout et l'autre comme une institution dans l'État. Et depuis les choses sont restées ce qu'elles étaient alors (1350). En Suède, l'État ou le Royaume ou la Couronne, comme on l'a appelé, a toujours été considéré comme un tout supérieur dans lequel la royauté de même que les « états » d'origine plus récente entraient simplement comme organes chargés d'exercer le pouvoir. Cette conception, spécialement en ce qui concerne le roi, se manifesta très clairement sous Gustave-Adolphe. Elle a bien pu être temporairement obscurcie au temps où l'absolutisme célébrait sa propre apothéose, mais la réaction qui suivit prouve que cette conception subsista. Ainsi en Suède a toujours prévalu cette idée, que nous aimons à appeler moderne, de l'État et de ses organes subordonnés exerçant le pouvoir.

Pour ce qui est du dualisme, lequel se trouve en fait dans la vie politique de la Suède, il ne s'applique pas à l'État, et par suite il ne s'applique pas non plus à la puissance de l'État, mais à la Constitution, c'est-à-dire à la règle juridique suivant laquelle se crée la volonté de l'État et s'exerce la puissance de l'État. Cette volonté et cette puissance sont unes et indivisibles comme l'État lui-même. Pour qu'il y ait unité dans l'État il faut non pas, comme l'enseignent les théories allemandes, un monarque souverain ou un peuple souverain, mais seulement la conscience vivante de cette unité. Or l'unité de l'État s'accommode fort bien d'un état de choses dans lequel les institutions ou les personnes juridiques qui créent la volonté de l'État et exercent la puissance de l'État sont au nombre de deux : Sa Majesté Royale et le Parlement. Ce cas n'a d'ailleurs rien de spécial à la Constitution suédoise. Nous le retrouvons dans toutes les monarchies constitutionnelles, bien que les théories politiques ne se soient pas encore décidées à l'admettre. Par contre, les dispositions suivant lesquelles l'un et l'autre pouvoir sont appelés à créer la volonté d'État, ne sont pas les mêmes en Suède et dans les autres monarchies. Le dualisme suédois rappelle beaucoup, comme nous le verrons plus loin, le partage du pouvoir tel qu'il se présente dans les États-Unis. Or, de même que dans la Constitution de la grande république, le dualisme ou la séparation des pouvoirs, comme on l'appelle là-bas, n'a rien à faire avec le moyen âge ; de même la Constitution suédoise actuelle n'a rien de commun avec la forme médiévale de l'État.

II

LE PARLEMENTARISME EN SUÈDE

ET DANS LES AUTRES PAYS

A CONSTITUTION PARLEMENTAIRE

CHAPITRE V

Les formes modernes de l'État. Absolutisme. — Monarchie constitutionnelle. Parlementarisme.

I

LES DIFFÉRENTES FORMES D'ÉTAT

Aucun chapitre de la science politique n'a donné lieu à une collection aussi bigarrée d'opinions diverses que le chapitre qui traite des formes politiques et de leur classement. Chaque auteur pour ainsi dire a sa façon personnelle de les grouper. Cette diversité a plusieurs causes : d'abord, chaque État est en réalité unique en son genre ; même dans les limites du même type, on ne trouve pas deux exemplaires qui soient superposables. Autant d'États, autant de formes d'État ou de nuances différentes de la même forme. Mais à cela s'ajoute qu'on n'a pas assez distingué comme il convenait entre l'État d'une part et d'autre part la forme d'État, autrement dit la constitution ; de là un grand désordre dans les idées. Les États en effet peuvent se partager d'après un grand nombre de systèmes ou de critériums : par exemple on les divise d'après l'organisation sociale en États primitifs sans distinctions sociales, en États avec castes ou ordres, en États modernes avec classes ; ou on les classe d'après la date et le degré de civilisation (régime oriental, gréco-romain, État du moyen âge et État moderne), d'après leur nature d'États unitaires ou d'États fédératifs, etc., etc. Or toutes ces distinctions portent sur l'État considéré comme comprenant à la fois l'État et la société, mais nullement sur la forme de l'État dans le sens purement constitutionnel. Et en effet, la constitution peut être absolument la même dans des États de nature très différente.

Si l'on s'en tient rigoureusement à la Constitution comme critérium, le classement n'est plus aussi difficile. C'est même la seule méthode rationnelle, car la Constitution révèle beaucoup plus que tout autre élément la nature de l'État. En effet, la nature de l'État réside dans la « souveraineté », laquelle a pour expression immédiate une volonté et une puissance d'État. Or la Constitution est l'ensemble des règles juridiques suivant lesquelles se crée la volonté de l'État et s'exerce directement la puissance de l'État. Donc la forme de l'État est ce qu'est la Constitution. D'une façon plus précise, voici comment se passent les choses. La volonté de l'État ne se crée pas d'elle-même : elle est créée par certaines personnes ou certains organes politiques déterminés. Or il y a plusieurs cas possibles, suivant que les personnages ou organes en question sont plusieurs ou se réduisent à un seul, suivant qu'ils sont de telle ou telle nature ou qu'ils fonctionnent de telle ou telle façon. Ces variations donnent lieu aux diverses formes d'État. C'est ce qui avait été déjà compris par Aristote, le fondateur et le grand maître de la science politique ; d'après ce principe il avait divisé les formes d'État en monarchie, aristocratie et démocratie. Il avait ajouté à cela un autre mode de répartition qui subdivisait les trois grandes formes en deux espèces, suivant que le pouvoir était exercé au profit du gouvernement ou au profit des gouvernés. Enfin, à côté de ces formes simples il reconnaissait encore l'existence de formes mixtes.

Le principe de cette répartition est encore valable aujourd'hui, tout aussi bien qu'à l'époque d'Aristote. Ce qui a changé, c'est seulement son application dans la réalité concrète, autrement dit les diverses formes d'État sont autres, du moins en partie. Nous ne trouvons plus d'aristocratie ; quant à la monarchie, elle apparaît sous plusieurs formes différentes inconnues au temps d'Aristote ; de plus, le système représentatif était étranger à l'antiquité ; enfin, il y a de grandes différences de nature entre l'État antique et l'État moderne. Mais malgré tout ce qui les sépare nous pouvons cependant continuer à nous servir des principes de la classification d'Aristote, en y apportant, bien entendu, les modifications nécessaires.

Ainsi nous ne parlons plus d'une volonté d'État créée par un personnage, ou par plusieurs, ou par tous, car nous ne pensons pas aux personnes physiques mais bien aux institutions qu'elles incarnent. Le monarque par exemple n'est pas le roi personnellement mais bien Sa Majesté Royale, c'est-à-dire un organe de l'État. De même encore nous jugeons superflue l'autre distinction d'Aristote qui se fonde sur le but assigné au pouvoir de l'État, suivant que celui-ci sert au bien du gouvernant ou au bien de tous ; en effet, il nous paraît clair comme le jour que le pouvoir de l'État doit s'exercer pour le plus grand bien général. Mais il n'en était pas ainsi au temps d'Aristote, ni plus tard dans le moyen âge, ni même bien avant dans les temps modernes. D'ailleurs la distinction aristotélicienne est en soi parfaitement logique. Traduite en langage moderne, elle veut dire que les personnes physiques qui créent la volonté de l'État peuvent le faire ou bien comme des personnes physiques, autrement dit pour leur propre compte, ou bien comme des organes d'un État placé au-dessus d'elles. Aujourd'hui nous ne connaissons plus cette distinction que par l'opposition bientôt oubliée entre l'État patrimonial et l'État de droit, entre le despotisme personnel et l'absolutisme légal. Mais, encore une fois, cette distinction d'Aristote avait sa raison d'être à une époque antérieure.

Enfin les formes mixtes présentent actuellement une variété presque aussi grande que dans le monde antique. Mais le mélange est de nature différente : ce n'est plus, comme l'entendait Aristote et d'autres après lui, un mélange de monarchie, d'aristocratie et de démocratie, où chacun de ces éléments formait un pouvoir particulier, muni de ses attributions et de ses privilèges. Il y a eu sans aucun doute de ces régimes mixtes, aux époques où les détenteurs du pouvoir étaient considérés moins comme des organes politiques que comme des êtres physiques, individuels ou groupés en classes. D'après les idées modernes un pareil mélange est impossible. Mais comme les organes immédiats de l'État peuvent être plus d'un, — par exemple Roi et Riksdag, — il se produit en fait un mélange, si nous appelons mélange le concours de différents pouvoirs pour la formation de la volonté d'État. Le mélange est ainsi devenu un partage, une répartition des attributions nécessaires pour fonder la volonté de l'État. C'est de la sorte qu'est née la monarchie constitutionnelle et que se sont produites les autres constitutions de type dualiste, lesquelles peuvent être désignées comme des formes mixtes.

Mais il nous reste encore un point à considérer en ce qui concerne la répartition des formes d'État d'après le principe indiqué plus haut.

Nous trouvons le principe du classement dans la manière dont se crée la volonté de l'État. Mais nous ne pouvons faire intervenir ici que le point de vue juridique. Ainsi il peut arriver que dans une monarchie absolue le pouvoir soit en fait entre les mains d'une camarilla de favoris ; il peut se faire que dans une république les partis gouvernent l'État en dehors de la représentation ; mais ce sont là des cas qui ne peuvent influer sur la manière dont nous nous représentons la forme politique ; et nous ne devons considérer ici que les éléments qui, d'après la Constitution et en tant qu'organes immédiats, ont formellement part à la création de la volonté de l'État. Sur ce point nous approuvons complètement l'opinion de

M. Jellinek[1]. En revanche, il partage une erreur commune à d'autres savants allemands lorsqu'il attache une importance exclusive au côté formel, en refusant de tenir compte de la réalité des faits. Il ne suffit pas de participer simplement pour la forme à la création de la volonté d'État ; il faut en outre, pour entrer ici en ligne de compte, la déterminer réellement. Sans cela on pourrait dire que le secrétaire qui contresigne une décision et qui en atteste ainsi la justesse formelle prend autant de part à la volonté d'État que le chef de gouvernement, le ministre ou le parlement qui en détermine le contenu réel. Or il est impossible de soutenir une pareille thèse. Ceux-là seuls qui déterminent la volonté d'État à la fois formellement et réellement doivent être pris en considération lorsqu'il s'agit de répartir les formes politiques d'après le mode dont se constitue la volonté de l'État.

II

LES FORMES D'ÉTAT MODERNES

L'idée qui se présente tout d'abord à l'esprit est de répartir les formes politiques modernes

1. *Allgem. Staatslehre*, p. 608 et suiv.

d'après la qualité du chef de l'État et d'en faire deux groupes principaux : monarchie et république. Telle est aussi la division qui eut cours depuis Machiavel, jusqu'au début du XIXe siècle, époque où se renouvela la science politique. Les modes de classement varièrent ensuite à l'infini ; mais la vieille théorie populaire a eu dans ces derniers temps un regain de succès en Allemagne. C'est la conception juridique, formelle, de l'État et des formes d'État qui a conduit Jellinek et d'autres à adopter l'ancienne division. Nous avons déjà exprimé une opinion divergente en attribuant une valeur décisive au fait de prendre part à la détermination de la volonté d'État. Il ne suffit pas que la participation soit simplement formelle, il faut aussi qu'elle ait une pleine réalité, sans quoi elle devient trop insignifiante pour donner son nom et son caractère à tout l'ensemble. *E majori parte fit denominatio.* Une signature qui est formellement exigée pour accomplir la volonté d'État mais qui n'en détermine nullement le contenu, ne saurait caractériser la forme de l'État. Il est vrai que le régime anglais est historiquement et de nom une monarchie ; mais il est en réalité un gouvernement parlementaire et doit être classé en conséquence.

Les systèmes que nous combattons attribuent

beaucoup trop d'importance au chef de l'État pour la détermination de la forme politique. Que le chef d'État soit un monarque héréditaire et irresponsable, que ce soit un président nommé par l'élection et responsable, ce sont là des différences qui ont une signification énorme au point de vue social et même parfois au point de vue politique, par exemple en ce qui concerne le ministère. Mais ces différences n'influent pas sur le mode de formation de la volonté d'État. Découvrir là une relation de dépendance, c'est une tentative qui, selon moi, est condamnée à échouer[1]. Entre le mode de nomination du chef d'État, avec la situation juridique qui en résulte pour lui, et d'autre part la création de la volonté d'État, il n'y a, ni logiquement ni en fait, aucun lien immédiat. C'est pourquoi nous devons rejeter la division en monarchies et républiques, si séduisante qu'elle puisse paraître au premier coup d'œil, car elle ne s'accorde pas avec le seul critérium rationnel d'une division, qui est le mode de création de la volonté d'État.

1. L'opposition sur laquelle M. Jellinek appuie cette théorie, savoir l'opposition entre une « volonté physique individuelle » et une « volonté collective juridique » (*Allgem. Staatslehre*, p. 609 et 628) ne constitue pas une antithèse véritable et d'ailleurs elle n'est nullement suffisante pour fonder une

Mais nous ne voulons pas nous attarder plus longtemps à ces discussions stériles. La science politique en présente malheureusement beaucoup trop, sous l'influence de la scolastique savante, qui a engagé avec elle de longues disputes. Notre intention est d'ailleurs beaucoup moins d'arriver à une systématisation juridique des formes d'État que d'en donner un résumé politique comme introduction à la vie parlementaire de la Suède et des autres États démocratiques modernes. Or la vie politique réelle se joue des constructions juridiques, comme l'avouent même les partisans de cette dernière méthode. Les juristes peuvent se tirer d'affaire lorsqu'ils se bornent à l'étude des prescriptions de droit prises pour normes de la vie politique ; mais leur science est en défaut lorsqu'il s'agit de cette vie elle-même et de la

répartition des formes d'État. La volonté du monarque dans l'État constitutionnel, n'est pas, quoique individuelle, une volonté physique, mais juridique : c'est ce qu'on exprime lorsqu'on distingue entre la personne royale et d'autre part Sa Majesté ou la Couronne (c'est-à-dire le roi dans son Conseil). D'un autre côté, la volonté du président aux États-Unis est aussi individuelle que celle d'un monarque et elle a souvent une force beaucoup plus déterminante sur la volonté de l'État. Remarquons de plus que le monarque et la représentation agissent le plus souvent de concert pour créer la volonté de l'État, lorsqu'ils ne la créent pas chacun pour soi, comme c'est souvent le cas en Suède.

manière dont elle s'accorde ou ne s'accorde pas avec le droit écrit. De même l'idée évolutionniste, si nécessaire à une juste compréhension des choses, demeure inaccessible à la méthode juridique. Si l'on veut bien comprendre la vie politique moderne et les différentes formes qu'elle revêt, il faut les considérer du point de vue de l'évolution historique; car les formes actuelles sont des parties d'un même développement continu.

En adoptant les principes que nous venons d'exposer, on sera amené à rapporter les régimes actuels à trois types principaux : gouvernement d'un seul ou *absolutisme ; — monarchie constitutionnelle ; — parlementarisme* (*démocratie*).

L'absolutisme, qui, — si nous laissons de côté la Turquie, — n'existe plus que dans l'Empire Russe, est caractérisé par ce fait que le monarque est seul à déterminer formellement et réellement la volonté de l'État. Il peut céder en partie ou totalement son pouvoir à d'autres, mais il le reprend quand bon lui semble. Personne ne partage légalement ce pouvoir avec lui. Il n'existe donc pas de représentation populaire, ou, si l'on tolère quelque chose de semblable, c'est seulement dans des assemblées locales (*Landstände, zemstvos*), et alors la représentation a tout au plus le droit de pétition. L'histoire nous présente deux variétés de ce régime, l'une qu'on pourrait appeler l'absolutisme « personnel » et l'autre l'absolutisme « légal[1]. »

Dans le premier cas, la volonté du monarque devient à chaque moment la loi, et elle n'est pas liée par une loi fixée antérieurement; dans le second cas, le monarque n'agit pas contrairement à une loi donnée, aussi longtemps que celle-ci subsiste et n'a pas été formellement abolie pour faire place à une loi nouvelle. Le premier régime est celui de Louis XIV et des tsars; le second est l'absolutisme de Charles XI de Suède et de Frédéric de Prusse. La prédominance de l'une ou de l'autre de ces deux formes peut dépendre du caractère particulier du prince; mais en somme elle dépend surtout du degré de culture de la nation. Chez un peuple de civilisation avancée le despotisme personnel ne peut être qu'accidentel et passager. Du reste, il se transforme toujours avec le progrès en un despotisme légal; mais alors il est en chemin pour se dépasser lui-même.

Le second type, qui est la monarchie cons-

1. Outre ces deux formes, on pourrait signaler aussi le « césarisme »; mais le césarisme peut être ou bien une forme mixte avec assaisonnement de démocratie plébiscitaire (tel était l'idéal de Napoléon III), ou bien le despotisme pur avec une étiquette démocratique (exemple : l'Empire romain).

titutionnelle, consiste en ce que le monarque ne peut déterminer par lui-même dans tous les cas la volonté de l'État, et doit faire appel à une représentation populaire. Le concours de la représentation est avant tout nécessaire quand il s'agit de prélever les impôts et de faire des lois. De plus, le monarque doit généralement accepter un Conseil d'État, lequel répond de la légalité des actes du roi et leur donne en même temps la force juridique. La Constitution unitaire a fait place à une Constitution dualiste. Ce sont maintenant deux organes immédiats, le Prince et le Parlement, qui administrent le pouvoir. Mais ici encore nous pouvons distinguer deux variétés bien caractérisées. Elles proviennent historiquement de la manière différente dont s'est produite la monarchie constitutionnelle, et M. Esmein en particulier a parfaitement noté ces deux types[1].

Dans un des cas c'est le prince qui a accordé ou, comme on dit, « octroyé » la Constitution. Il est considéré comme possédant seul le pouvoir; mais, comme dit la théorie, il se limite lui-même par la représentation populaire. Celle-ci a reçu des mains du prince tous ses droits; elle est un organe politique immédiat, mais d'ordre secon-

1. *Éléments de droit constitutionnel*, p. 5.

daire. Ces principes sont formulés avec une clarté toute spéciale d'une part dans la Charte française de 1814 et d'autre part dans l'acte final de la conférence ministérielle tenue à Vienne en 1820. L'introduction à la Charte et surtout le discours du chancelier de Louis XVIII, d'Ambray, qui précéda la proclamation de ce texte célèbre, nous apprennent que, par la nouvelle constitution le roi entend fixer lui-même une limite à un pouvoir qui revient à lui seul. De même il est dit au § 57 de l'acte de Vienne : « La puissance politique totale demeure entière et sans partage au chef de l'État ; et c'est pourquoi le souverain ne peut dépendre de la collaboration du Parlement que dans l'exercice de certains droits déterminés. » Les mêmes expressions ont passé ensuite dans plusieurs des Constitutions allemandes et de là dans les théories juridiques qui ont paru en Allemagne sur la monarchie constitutionnelle et en général sur l'État. On peut dire que la science politique allemande est complètement dominée par ce § 57, et cela non seulement dans l'ancienne école historique, mais encore dans la moderne école juridique fondée par Gerber. Le monarque est, dit-on, seul détenteur du pouvoir ; le rôle de la représentation populaire est simplement de le limiter dans l'exercice de ce pouvoir, dont elle n'a aucune part pour elle-même. Ainsi parle la théorie; mais en fait cette variante de la monarchie constitutionnelle se distingue par le rôle prépondérant du roi dans l'État et par un ministère dépendant exclusivement de lui et non responsable devant la représentation.

Dans l'autre type de monarchie constitutionnelle, la Constitution a été donnée par une assemblée populaire, ou bien elle a été donnée dans des circonstances qui mettent le peuple sur le même rang que le monarque comme auteur et gardien de la dite Constitution. La Belgique offre un exemple du premier cas et le Danemark du second. Sans doute la Constitution belge se rapproche beaucoup de la royauté parlementaire, mais on peut y retrouver les principes de la monarchie constitutionnelle. Suivant ces principes, le roi et la représentation sont complètement égaux en tant qu'organes d'État, bien qu'ils aient des fonctions différentes. La volonté d'État résulte en majeure partie de la collaboration des deux organes, mais l'exercice du pouvoir est confié entièrement au monarque ou à ses ministres. Ceux-ci sont toujours des hommes librement choisis par le monarque; cependant ils occupent ici une situation beaucoup plus indépendante que dans le précédent type de monarchie. Ils surveillent et dirigent les actes du monarque selon les vœux de la représentation, tout autant qu'ils sont dirigés et mis en mouvement par lui ; car ils sont responsables devant la représentation, non seulement juridiquement, mais aussi à un certain degré politiquement. Ils exercent aussi par eux-mêmes une partie de la puissance gouvernementale. Mais ce qu'il y a de plus important dans cette monarchie, c'est que la représentation populaire est largement admise à déterminer, à égalité avec le roi, la volonté de l'État. Ainsi il y a dans la Constitution un dualisme parfait, bien que le monarque dispose du pouvoir exécutif. C'est aussi à lui seul que revient la sanction des lois et des ordonnances[1]. Cette forme de monarchie constitutionnelle est beaucoup plus instable que la précédente. Elle peut s'orienter d'un moment à l'autre vers une forme d'État démocratique.

Le troisième type d'État moderne est le type démocratique, ou comme je préfère l'appeler,

1. Ce droit ou ce devoir de sanction n'implique cependant pas que le monarque soit l'unique détenteur du pouvoir de l'État comme l'interprètent les savants allemands (LABAND tout d'abord et tant d'autres après lui). Il est une conséquence naturelle du fait que dans cette monarchie la représentation ne détermine jamais seule la volonté d'État. L'action ou la collaboration du monarque est toujours requise et par suite il doit tout sanctionner.

parlementaire. Jusqu'ici le terme de « parlementarisme » a été appliqué exclusivement au système anglais de gouvernement populaire. Mais il me semble plus juste de l'étendre à toutes les variétés modernes de la démocratie pour distinguer celle-ci de la démocratie antique. Et en effet, la grande différence entre le gouvernement populaire de l'antiquité et celui d'aujourd'hui, c'est que le premier s'exerçait directement, tandis que l'autre s'exerce par l'intermédiaire d'une représentation. En outre, le terme de parlementarisme est préférable en ce que le trait distinctif du type moderne c'est précisément l'influence dominante de la représentation.

Il est vrai qu'on donne généralement la « souveraineté du peuple » comme le principe fondamental des constitutions de ce genre ; mais cette souveraineté populaire ne se manifeste que sous la forme du vote. Le peuple n'a pas d'influence directe sur la volonté de l'État, excepté dans le cas où, comme en Suisse, on a adopté le referendum ou telle autre institution analogue. Or ce cas est jusqu'à nouvel ordre exceptionnel ; il ne constitue pas une règle ; et du reste, même alors, la représentation est le principal organe politique. Dans les autres pays démocratiques, ou bien la représentation détermine seule la volonté de l'État, ou bien, si elle partage le pouvoir avec le chef de l'État, elle a cependant son domaine propre, où elle est souveraine et où ses décisions sont valables sans la sanction du chef d'État. Dans la démocratie moderne le peuple, sauf l'exception signalée plus haut, n'est pas un organe de gouvernement, mais seulement un organe de vote. Il désigne par élection l'un des deux pouvoirs ou bien tous les deux, mais rien de plus. C'est pourquoi on peut, si l'on veut, voir en lui « le vrai souverain », mais à condition qu'on n'attache pas à cette expression des idées erronées sur son rôle véritable[1].

Cependant les dispositions relatives aux deux organes immédiats de l'État (chef d'État et représentation) et à la part de chacun d'eux dans la formation de la volonté d'État, sont très différentes et varient beaucoup suivant les États que nous

1. La théorie suivant laquelle le peuple électeur est, comme on dit, le possesseur du pouvoir (par ex. REHM, *Allgemeine Staatslehre* dans *Marquardsens Handbücher des öffentl. Rechts, Einleitungsband II*) et par suite le souverain dans ces sortes de constitutions, serait seulement applicable aux cas où les élus seraient liés par un mandat impératif et ne seraient pas de véritables représentants. Là où cet usage n'existe pas, le peuple n'a rien à faire dans la création de la volonté d'État; or c'est là le point capital non seulement en ce qui concerne les détenteurs du pouvoir, mais surtout pour le classement des constitutions, dont nous nous occupons ici.

considérons dans ce groupe. De même cet organe médiat, subordonné, qui préside à la réalisation du pouvoir (Conseil, ministère, etc.), occupe une situation très différente selon les pays. Nous sommes donc obligés de diviser le type parlementaire en trois sous-types nettement distincts : *le parlementarisme unitaire* (Angleterre), *le parlementarisme dualiste* (Suède, Amérique), et *le parlementarisme mixte*, comme on peut appeler le régime suisse. Il n'est pas impossible que l'avenir nous apporte d'autres formes de démocratie, par exemple le gouvernement direct du peuple, à la manière antique, et un gouvernement de comités comme dans la Suède d'autrefois. On pourrait malheureusement signaler des tendances vers l'une et l'autre de ces deux formes. Mais nous n'avons pour le moment à nous occuper que des types signalés plus haut.

Il nous paraît cependant superflu d'énumérer ici en détail leurs caractères spécifiques, étant donné que nous aurons plus loin l'occasion de les exposer tout au long. Par contre, il nous paraît à propos de dire quelques mots encore sur les rapports mutuels de diverses formes politiques que nous avons brièvement esquissées, car elles constituent, comme nous l'avons dit, des chaînons d'une même chaîne de développement historique.

Il est clair pour tout le monde que dans l'Europe moderne l'absolutisme évolue vers la monarchie constitutionnelle ; et en effet cette évolution s'est produite partout, sauf une seule exception qui est la Russie ; d'ailleurs il semble en ce moment que la Russie elle-même se prépare à suivre le mouvement européen. Mais on n'est pas aussi généralement disposé à admettre que la monarchie constitutionnelle conduit aux régimes démocratiques. Et pourtant il nous semble que c'est là une chose incontestable. Le fait s'est déjà passé pour plusieurs monarchies, comme celles de l'Angleterre, de la Suède et de la Norvège, et il est clair que la Belgique, l'Italie, le Danemark et d'autres États sont déjà engagés dans la même voie. A vrai dire, ce n'est guère qu'en Allemagne et en Autriche que la monarchie constitutionnelle paraît solidement assise, et cela principalement parce qu'elle appartient à la catégorie ancienne, celle des constitutions octroyées. Mais même dans ces deux pays la monarchie ne semble pas appelée à durer bien longtemps sous sa forme actuelle. Tout le mouvement social et politique de l'Europe moderne va précipiter cette évolution. D'une part la dissolution du régime des états et le développement de l'instruction, et d'autre part, le système représentatif conduisent logiquement et nécessairement à des régimes démocratiques. Le peuple, sous l'influence des idées d'égalité et de liberté, se considère de plus en plus comme le vrai souverain, et exige de plus en plus que son organe, c'est-à-dire la représentation, ait le rôle prépondérant dans la vie de l'État. Et ainsi la souveraineté du prince doit céder la place à la souveraineté du peuple.

Mais si le développement qui mène de l'absolutisme au constitutionnalisme et de là au parlementarisme est un développement simple et uniforme, le régime parlementaire, qui en est la conséquence, n'est pas le même partout et il n'y a pas de continuité entre les formes qu'il revêt. Arrivé à ce point final, le développement se partage en lignes parallèles et donne comme résultat différents types de parlementarisme absolument distincts et fermés l'un à l'autre. Il n'y a là rien de surprenant ni pour la logique ni au point de vue de l'histoire. Nous rencontrons partout, dans le monde des hommes aussi bien que dans la nature, des moyens différents employés pour parvenir à un même but. Ainsi il n'y a pas deux pays dont la justice et l'administration soient organisées de même sorte ; il n'existe pas non plus deux parlements qui aient les mêmes règlements pour l'ordre des travaux et pour les commissions. Il en est ainsi du régime parlementaire sous ses différentes formes. Celles-ci représentent des moyens différents pour réaliser la souveraineté populaire, — il est vrai dans des proportions très diverses. Ce ne sont pas là des stades d'un même développement qui ferait sortir une forme de l'autre : ce sont des types complètement indépendants. Nous insistons sur ce fait, car il a besoin d'être signalé à l'attention. On considère souvent ces types parlementaires comme s'engendrant les uns les autres, sans apercevoir clairement les grandes dissemblances qui les séparent. Par exemple, nous ignorons généralement en Suède que nous possédons une Constitution parlementaire et nous jetons des regards enthousiastes sur le parlementarisme anglais, comme s'il était l'idéal vers lequel s'achemine notre évolution politique. En France on a voulu mélanger dans la Constitution de 1875 deux formes différentes de parlementarisme, celui de l'Angleterre et celui de l'Amérique, bien que, — suivant une remarque judicieuse[1], — il y ait entre ces deux types une différence plus grande qu'entre la Monarchie et la République.

Une conséquence naturelle des rapports que

1. WODROW WILSON, *Congressional Government*, 1901, p. XVI.

nous venons de marquer entre les trois types fondamentaux de constitutions modernes, c'est qu'ils sont rarement purs et sans mélange. Une forme récente contient des survivances de la forme précédente ; parfois aussi des institutions qui appartiennent aux types démocratiques s'introduisent comme des avant-coureurs dans la monarchie constitutionnelle. Nous trouvons un exemple remarquable de ces deux cas dans le régime belge, dont on ne sait pas très bien s'il faut le rapporter à la monarchie constitutionnelle ou à la monarchie parlementaire. Des exemples moins considérables mais cependant analogues se retrouveraient facilement dans beaucoup de pays, et nous pourrions citer entre autres les prescriptions relatives au droit de sanction dans la Constitution anglaise. Le régime suédois a également conservé des traces de la monarchie constitutionnelle, par exemple les attributions législatives du roi en matière économique. Ce sont là des souvenirs d'un régime antérieur qui ont survécu dans le régime suivant. Il arrive peut-être plus fréquemment encore que des institutions de nature moderne soient enchâssées dans une Constitution de type ancien ou bien qu'on ait rassemblé dans une même construction constitutionnelle des éléments disparates qui s'étonnent d'être accouplés : en ce cas l'ignorance du caractère intime des divers types a plus fait que les tendances naturelles, et cela s'est produit surtout pour les nouvelles Constitutions doctrinaires.

Les auteurs de ces Constitutions doctrinaires peuvent être comparés à des architectes qui ayant à construire une maison dans un certain style, ne sauraient pas très bien en quoi le roman se distingue du gothique ou du style Renaissance ; alors ils mettront dans une façade gothique ici une fenêtre romane, là un chapiteau Renaissance, et ainsi de suite. Ainsi ont opéré les architectes politiques du XIXe siècle. Nous rencontrons partout des institutions et des dispositions d'un certain type insérées dans des Constitutions de caractère tout différent. La Constitution française de 1875 nous en fournit un exemple particulièrement instructif : elle contient d'une part une application très développée du système des deux Chambres et d'autre part un gouvernement de Cabinet imité de l'Angleterre et qui exigerait bien plutôt un système à Chambre unique. Un autre exemple nous est donné par la monarchie constitutionnelle prussienne, où la représentation a reçu une forme empruntée à la royauté parlementaire (avec une Chambre basse ayant droit de priorité en matière budgétaire et une Chambre haute à pouvoirs très limités en cette matière et recrutée par voie d'hérédité ou de nomination royale). Nous pourrions citer beaucoup de cas analogues dans les Constitutions modernes. Ainsi on a méconnu les caractères des différents styles politiques, et ils sont encore aussi ignorés que l'étaient il y a une centaine d'années les styles architecturaux.

Seulement cette ignorance n'est pas aussi inoffensive que celle d'un architecte ordinaire. En effet, quand il s'agit d'une maison, les styles disparates peuvent rester tranquillement les uns auprès des autres, sans autre inconvénient que de choquer parfois l'œil d'un connaisseur. Il n'en va pas de même des bâtisses constitutionnelles. Sans doute les institutions et les principes de source diverse peuvent aussi demeurer côte à côte pendant un temps assez long, sans qu'il se produise d'accidents fâcheux. Mais un beau jour l'harmonie est rompue. L'institution étrangère, introduite sans discernement, prend conscience d'elle-même sous l'influence des nécessités politiques, elle veut se développer selon les tendances de sa nature propre, et alors elle se trouve en conflit avec les autres institutions. Ainsi naît un de ces conflits constitutionnels comme nous en avons des exemples dans la récente histoire politique de la Prusse, du Danemark, de la Norvège, et, — dans une certaine mesure, — de la France. Or cette sorte de conflits constitutionnels, — car il y en a d'autre sorte, — dépend exclusivement de ce que des éléments de nature différente ont été rassemblés dans la même Constitution. La plupart des Constitutions modernes portent en elles le germe de luttes semblables, puisque la plupart ne sont pas fondues d'un seul bloc mais composées de morceaux souvent très hétéroclites.

CHAPITRE VI

Le Parlementarisme unitaire anglais.

I

QUELQUES TRAITS CARACTÉRISTIQUES DE LA CONSTITUTION ANGLAISE

Un exposé de la Constitution anglaise est une des tâches les plus difficiles, mais aussi les plus intéressantes que puisse se proposer la science politique. Tout dans cette Constitution est si différent de ce que nous sommes habitués à trouver dans les autres pays ! Et d'abord nous constatons qu'elle n'est pas, comme les autres, codifiée dans une ou plusieurs lois fondamentales. Il faut la chercher, non seulement dans plusieurs actes historiques importants depuis la *Magna Charta* de 1215 jusqu'au *Representation Act* de 1884, mais encore dans une multitude de lois diverses de moindre importance, dans les ordres du jour des séances du Parlement (*Standing Orders*) et surtout dans le droit coutumier général de l'Angleterre (*Common law*), lequel a été, comme on le sait, interprété et développé principalement par les sentences des tribunaux. Ajoutez à cela que des pratiques administratives et parlementaires (*conventions*), généralement non écrites, occupent dans la Constitution anglaise, à côté du droit constitutionnel organique une place plus grande que dans aucun autre pays. Ainsi les institutions les plus importantes, telles que la fonction de premier ministre et le Cabinet, reposent uniquement sur une pratique politique. Jugé d'après nos habitudes de règlementation systématique, un pareil état de choses est une énigme déconcertante.

Mais plus étrange peut-être nous apparaît encore une autre particularité caractéristique du droit public de l'Angleterre. Ici, la règle est qu'on n'abroge point une loi sous prétexte qu'elle est devenue surannée et inutilisable. A l'exemple des anciens Romains, on laisse subsister les lois une fois adoptées, mais on cesse de les appliquer. Cet usage a deux conséquences également remarquables. Il en résulte d'abord que le droit vieilli et le droit en vigueur se trouvent placés côte à côte; souvent même le premier est mentionné et décrit avec autant d'ampleur que le second. Nous rencontrons à chaque pas de ces monuments désaffectés que l'on conserve et que l'on entretient pieusement comme des reliques vénérables. Nous en avons un exemple bien connu dans la survivance de ce principe d'après lequel le monarque a le droit de refuser sa sanction à une décision du Parlement : or ce droit de veto n'a jamais été appliqué depuis 1707, et s'il l'était, tout Anglais verrait là un véritable coup d'État Cette répugnance à toucher aux anciennes lois a encore une autre conséquence : lorsqu'elles sont devenues par trop archaïques, alors que l'évolution politique et sociale exigerait qu'on les modifiât, on s'arrange de façon à les éviter par un détour. De là toute une série de lois exceptionnelles et spéciales, et d'usages juridiques souvent bien étranges. Ainsi, pour citer un exemple, voici par quel artifice on tourne une prescription qui remonte jusqu'à Édouard II et d'après laquelle un membre de la Chambre basse ne peut résigner son mandat. L'intéressé qui désire abdiquer demande au roi et obtient une vieille fonction purement fictive, par exemple « the stewardship of the three Chiltern Hundreds », et il perd du même coup sa place dans la Chambre des Communes.

Ces bizarreries ont beau porter avant tout sur les côtés extérieurs et formels de la Constitution anglaise, elles produisent une confusion, un manque de clarté et de logique qui peuvent désespérer un observateur. Cependant il convient d'ajouter aussitôt qu'une étude plus approfondie efface en partie cette impression première. La confusion subsiste toujours, mais le défaut de logique n'est plus qu'apparent. C'est le cas pour l'exemple cité tout à l'heure. En effet, d'après *l'act of settlement* de 1701 et quelques prescriptions sur la même matière, un citoyen ayant reçu un emploi de la couronne ne peut conserver sa place dans la Chambre basse à moins qu'il ne soit procédé à une réélection ; il lui est même complètement interdit d'y siéger si l'emploi en question a été institué après 1705. En appliquant cette règle comme nous avons vu, on évite les obstacles que la loi oppose à la résignation du mandat parlementaire. Il est impossible de méconnaître la logique du procédé, mais d'autre part des arrangements de ce genre étonnent un politicien du continent. Il juge en outre purement risibles une foule d'autres usages et traditions : ainsi, dans les occasions solennelles, par exemple lorsque le roi sanctionne les décisions du Parlement, l'emploi de certaines formules en vieux français : dans ce dernier cas, *le roy* (*la reine*) *le veult*, et, pour les *private bills : soit fait comme il est désiré.* Lorsqu'une communication doit être faite par la royauté au Parlement, on convoque à la Chambre haute les membres de la Chambre basse, qui doivent entendre le message debout près de la barre, tête nue, tandis que les lords restent assis, le chapeau sur la tête. On pourrait citer bien d'autres détails du même genre.

Mais si on regarde les choses d'un peu plus près, la critique et l'ironie se transforment bientôt en respect et en admiration. En effet, cet attachement aux lois et aux coutumes du passé assure une continuité de développement qui ne se trouve chez aucun autre peuple. Mais ce qui est plus important encore, c'est que de la sorte toute la série historique des causes qui se trouve à la base du droit actuel et qui en explique la genèse, reste présente à la conscience populaire. Par là le peuple sent qu'il fait corps avec sa législation et que celle-ci n'est pas seulement déposée dans un parchemin et dans un texte morts, mais dans une conscience vivante. C'est là peut-être le trait le plus remarquable de la Constitution anglaise ; c'est en tous cas celui qui donne à cette Constitution sa force et sa stabilité extraordinaires jointes à une souplesse qui la rend susceptible de réformes lorsque le temps en est venu. Avec ce trait caractéristique présent à l'esprit, on peut comprendre également une autre particularité qui distingue la

Constitution anglaise de toutes les autres, je veux dire la facilité à admettre une modification. Le Parlement décide une réforme constitutionnelle profonde aussi aisément et dans les mêmes formes qu'il prend une décision sur telle ou telle question sans importance. Pareille chose ne peut avoir lieu sans danger que chez un peuple pour qui le passé est toujours présent, qui sait par suite fondre en un tout harmonieux les éléments nouveaux et les éléments anciens et qui, ajoutons-le, obéit dans ses réformes non point à des théories mais à des besoins réels.

Il est clair, d'après ce qui précède, qu'il faudrait chercher dans l'histoire le secret de la Constitution anglaise. Mais la place limitée dont nous disposons ici ne nous permet pas même d'esquisser dans ses grandes lignes cette évolution historique. Nous dirons seulement quelques mots des forces principales qui l'ont dirigée.

Dans tout grand développement historique il faut faire une place importante aux circonstances fortuites, aux actes accomplis dans un autre but que celui où tendait l'évolution naturelle, et avant tout à la logique propre des événements. Il me paraît que cette place n'est nulle part plus considérable que dans l'histoire de la Constitution anglaise, et tout particulièrement dans la dernière période. Ainsi, pour donner des exemples, nous rappellerons comment, les deux premiers Georges n'étant pas très au courant de la langue anglaise, cette circonstance accidentelle fut d'un très grand poids dans l'adoption de la coutume qui écarta le monarque des délibérations du Conseil : or c'est là un événement capital pour le système anglais du gouvernement de cabinet. Et de même rien n'a plus contribué à la formation des deux grands partis que les corruptions et les achats de votes par lesquels la royauté au XVIIIe siècle cherchait à se conserver une majorité solide dans la seconde Chambre. On agissait dans une intention déterminée, et il en résultait quelque chose de différent, qu'on n'avait jamais visé ni songé à prévoir.

Mais en dehors de ces accidents dont il serait aisé de multiplier les exemples, en dehors de ces cas où des actes ont eu des conséquences imprévues, nous pouvons dire que depuis Guillaume le Conquérant jusqu'à la reine Victoria une seule et même force n'a cessé d'agir sur la formation de la Constitution anglaise : je veux dire la lutte entre la puissance royale et la puissance populaire. A part la guerre des deux Roses où entrent en jeu des rivalités dynastiques et nobiliaires, on peut dire que toute l'histoire antérieure de l'Angleterre se ramène à ce duel des deux pouvoirs. Il forme le côté conscient de l'évolution politique du pays, où il apparaît constamment. Par contre, les luttes de classes, qui constituent ailleurs les facteurs les plus puissants du développement, ont ici une importance très secondaire. Ce fait si particulier à l'Angleterre est d'autant plus curieux que la Constitution anglaise a été et continue à être foncièrement aristocratique. La chose est néanmoins facile à expliquer : elle s'explique par deux conditions en apparence opposées l'une à l'autre. D'une part, l'aristocratie en Angleterre n'a jamais eu les mêmes privilèges que sur le continent et elle ne s'est jamais dérobée de la même façon aux charges publiques. C'est pourquoi les autres classes n'eurent pas les mêmes raisons de se sentir lésées et d'engager la lutte avec la noblesse. D'un autre côté, il arriva que les paysans-propriétaires, qui avaient autrefois constitué la masse principale de la population, virent leurs rangs s'éclaircir et se décimer à partir de la fin du moyen âge; si bien que vers la fin du XVIIIe siècle cette classe sociale avait presque cessé d'exister. Les choses se passèrent d'ailleurs juridiquement et suivant les règles du droit privé : les nobles et d'autres acquéreurs achetèrent les fermes des paysans afin de les transformer en pâturages pour leurs troupeaux de moutons. THOMAS MORUS se plaint déjà que les moutons dévorent les hommes plus cruellement que les loups. Et le mal ne fit que croître par la suite[1]. Mais si les hommes d'État pouvaient observer le mal et le déplorer, les individus qu'il atteignait ne le sentirent pas comme une injustice, et il n'en résulta donc pas de lutte sociale. D'ailleurs toute idée de résistance devint de plus en plus impossible à mesure que s'éteignait la classe des paysans. La population représentée à la Chambre basse comprit exclusivement *the landed gentry*, la petite noblesse possédant des biens-fonds, et une bourgeoisie riche et puissante. Entre cette population d'une part et la haute noblesse de

1. M. BOUTMY, dans son remarquable exposé du développement de la Constitution anglaise (*Le développement de la Constitution et de la société politique en Angleterre*, 4e éd. 1903) rapporte la grande extension des latifundia à la dernière partie du XVIIIe siècle et au commencement du XIXe (p. 231 et suiv.). Il a raison en ce sens qu'à cette époque les terres communales passèrent, grâce aux *inclosures*, entre les mains des grands propriétaires. Mais déjà bien auparavant les fermes des paysans avaient été achetées et cédées dans de vastes proportions, comme le prouvent, non seulement le témoignage cité dans le texte, mais encore de nombreuses interdictions lancées contre ce système au temps des Tudors. On ne doit pas confondre deux procédés qui se mêlent dans un résultat unique, mais qui pour le reste sont différents.

l'autre, il a pu à la vérité se produire des différends qui ont eu une grande importance politique et ont exercé notamment une influence sur la situation réciproque des deux Chambres. Mais ces querelles sont insignifiantes si on les compare avec les guerres de classes qui se sont produites dans d'autres pays et qui y ont donné au développement politique son caractère particulier; je fais allusion par exemple à la Suède.

Par suite des circonstances que nous venons d'indiquer, l'évolution constitutionnelle de l'Angleterre a pour centre les relations entre le roi et le peuple, et c'est là ce qui lui donne son unité et, — malgré quelques soubresauts, — sa continuité remarquable. Une vue d'ensemble y découvre une chaîne unique allant de l'autocratie au constitutionnalisme et du régime constitutionnel au parlementarisme. Nous ne pouvons, encore une fois, décrire ici ce long processus, mais il convient cependant que nous en donnions une idée schématique. On peut dresser le schéma en indiquant les divers facteurs politiques dans leur succession chronologique. Nous entendons par « facteurs politiques » les institutions, ou encore, pour employer la terminologie allemande, « les organes immédiats de l'État » qui dans chaque période ont déterminé la volonté de l'État non seulement pour la forme mais dans la réalité, et qui ont ainsi gouverné en fait l'orgueilleux vaisseau d'Albion. En marquant l'ordre de succession de ces institutions dirigeantes, on obtient sinon une vue d'ensemble de l'évolution constitutionnelle, du moins les données historiques strictement nécessaires pour comprendre la constitution actuelle. Voici le schéma en question :

The King
King — Magnum concilium regni
King — Council — Parliament
King — Privy Council — Commons and Temporal and Spiritual Lords
King — Cabinet — Commons and Lords
Cabinet — Majority of the Commons

La chaîne commence par le roi à peu près absolu[1] et se termine par le gouvernement absolu

1. Il y a, comme on le sait, différentes opinions sur la nature du pouvoir que Guillaume et ses successeurs immédiats établirent dans le pays conquis. Plusieurs auteurs surtout anglais (STUBBS et FREEMAN) ne veulent pas admettre que l'on puisse caractériser ce pouvoir comme un véritable despotisme. Quant à moi, je me range à une différente opinion tout en observant naturellement qu'une royauté absolue dans une société médiévale, féodalement organisée, a un tout autre caractère que dans les temps modernes. Deux événements analogues survenus antérieurement, savoir la fondation de l'empire franc par Clovis et ses fils, et la réunion des provinces norvégiennes en un royaume par Harald Hårfager, eurent également pour conséquence de grands progrès de la puissance royale, dont l'envahissement fut, il est vrai, moins considérable en Norvège que chez les Francs.

du cabinet et de la majorité de la Chambre basse. D'ailleurs, il faut bien le remarquer, quoique le précédent schéma élimine successivement certaines institutions, cela ne veut pas dire qu'elles aient cessé d'exister. Tout au contraire, elles vivent et fonctionnent juridiquement comme autrefois. Ainsi aucune décision du Parlement ne peut être valable sans l'approbation de la Chambre haute et aucune loi ne se promulgue sans la sanction royale. C'est pourquoi d'éminents juristes allemands de la nouvelle école peuvent continuer à soutenir qu'en Angleterre le roi est le véritable dépositaire de la puissance de l'État, absolument comme en Prusse. C'est en tirant des conséquences de ce genre que la méthode juridique révèle son étroitesse. Il est bien vrai que tout acte immédiat de l'État exige le consentement du roi, mais ce consentement ne se refuse pas. Le monarque doit apposer sa signature, fût-ce à sa propre déposition ou à sa propre sentence de mort, comme dit W. Bagehot avec une certaine exagération oratoire. Le fait est que la signature du roi est aujourd'hui une formalité pure et simple, formalité qu'il faut toujours observer, mais qui ne signifie aucune décision prononcée sur le contenu du texte. Par conséquent, la signature royale pourrait, sans danger pour la Constitution, être remplacée par une griffe, comme ce fut le cas pendant l'état de faiblesse mentale de Georges III et pendant la maladie de Georges IV. L'importance encore très grande du roi pour la vie politique et la Constitution anglaises, il faut la chercher non pas dans ces souvenirs du passé, mais, — comme nous allons le voir, — dans un tout autre domaine.

Une autre remarque à laquelle donne lieu le schéma ci-dessus, c'est qu'aucune place n'y est faite au célèbre *selfgovernment*, c'est-à-dire à l'autonomie des comtés. Depuis les études bien connues de Gneist sur l'autonomie anglaise, celle-ci a été volontiers regardée comme la véritable source du gouvernement parlementaire dans ce pays. On a vu dans le gouvernement parlementaire une autonomie qui, partant des comtés, se serait étendue à toute la nation, et qui aurait par suite ses racines dans l'Angleterre de la période anglo-saxonne. C'est là, selon nous, une erreur complète. Il est bien vrai que dans les anciens temps et aussi dans les temps modernes, avant que la puissance du Parlement eût été définitivement assise, la constitution des comtés avec l'organisation judiciaire qui s'y rattachait, a été le plus sûr garant de la liberté. Mais elle n'a jamais eu dans la vie politique anglaise autre chose que ce rôle négatif, et celui-ci devient même superflu à mesure que le Parlement devient l'organe central de l'État anglais. A l'heure actuelle ces institutions qui représentent le « selfgovernment » sont purement municipales et elles peuvent adopter telle ou telle organisation sans que ce fait ait son retentissement sur la Constitution proprement dite. Aussi ne puis-je partager les inquiétudes qu'inspire à Gneist la démocratisation du gouvernement des comtés dans un esprit continental par suite des réformes de 1888. Rien dans ces réformes ne peut autoriser à craindre que le Parlement ne change de caractère pour se démocratiser.

II

MAJORITÉ DE LA CHAMBRE BASSE ET CABINET

Après cette introduction peut-être un peu longue mais indispensable, nous arrivons à notre sujet proprement dit, qui est le parlementarisme anglais. Le schéma donné plus haut nous apprend qu'actuellement les facteurs les plus importants de la vie politique anglaise sont le Cabinet et la majorité de la Chambre basse. Nous devons donc nous occuper d'eux en premier lieu, de leur organisation respective, de leurs rapports mutuels et de leurs relations avec les autres institutions immédiates de l'État. Il convient de commencer par l'étude de la majorité et des *partis* qui sont à sa base puisque ce qu'il y a de caractéristique pour le parlementarisme anglais c'est qu'il est un gouvernement de parti.

On rapporte généralement l'origine des deux grands partis, Tories et Whigs, d'abord aux luttes constitutionnelles du règne de Charles Ier, lorsque les démocrates et les puritains luttaient pour le pouvoir populaire contre les partisans du roi, contre les défenseurs de l'absolutisme et de la religion catholique, et ensuite à l'antagonisme entre les dynasties nouvelles d'Orange et de Hanovre d'une part et d'autre part la dynastie déchue des Stuarts. Si juste que soit cette explication historique, elle ne suffit nullement à expliquer, en particulier au point de vue constitutionnel, la formation des partis anglais. Car il est vrai qu'ils furent appelés à la vie par les événements historiques en question ; mais ce ne sont pas ces événements qui leur ont donné leur place dans la Constitution ni qui ont assuré leur durée. On ne trouve pas non plus une explication définitive dans les conflits sociaux et économiques, bien qu'ils aient été liés pendant un certain temps à la vie des partis. Depuis le milieu du XVIIIe siècle les capitalistes, les industriels et les commerçants se sont opposés en qualité de whigs aux grands propriétaires terriens, lesquels étaient ordinairement tories. Mais même ces groupements économiques eurent un caractère accidentel, tout comme les groupements dynastiques et religieux.

En revanche, l'élément permanent et qui n'a cessé de croître en solidité, c'est l'antagonisme entre le parti de gouvernement et l'opposition. Et cela s'explique parce que la Constitution réclamait impérieusement le premier parti, en face duquel le second se forma par une réaction naturelle. Si la Constitution avait besoin d'une majorité gouvernante dans la seconde Chambre, c'est que celle-ci avait déjà acquis de la puissance. Aucun impôt ne pouvait être exigé sans son approbation ; et après qu'on eut promulgué en 1689 *the Mutiny act*, c'est-à-dire le vote annuel du budget de l'armée et des lois militaires, aucun gouvernement ne put se passer de l'assentiment de la seconde Chambre, autrement dit d'une majorité nécessaire pour accorder ce que demandait le gouvernement. Désormais toute la politique de la royauté vis-à-vis du Parlement tend à consolider la dite majorité. Elle le fait en s'assurant des élections dans les *rotten boroughs*. Le développement inouï de la corruption est, au point de vue moral, la honte de la vie politique anglaise pendant le

XVIIIe siècle ; mais elle a eu pour le pays des conséquences très importantes et très heureuses. Ce sont en effet ces pots-de-vin, bien plus que les événements historiques et les conflits économiques ou sociaux, qui ont créé et surtout consolidé les partis des tories et des whigs. Plus tard, et même avant que la réforme parlementaire de **1832** eût rendu impossibles de pareilles machinations, l'opinion publique prit pour son compte le rôle qu'avait exercé le roi en fondant et en maintenant une majorité dans la Chambre des communes.

Par suite des circonstances que nous venons d'indiquer, les deux partis anglais sont des partis de gouvernement et pas autre chose. Des antagonismes politiques, religieux, économiques et sociaux sont venus à des époques diverses se greffer sur cet antagonisme de partis, mais ils ne l'ont jamais complètement déterminé depuis le commencement du XVIIIe siècle. Actuellement les partis sont désignés comme conservateurs ou libéraux de nuances diverses ; mais cela tient seulement à ce que toute question qui se présente peut être envisagée et traitée à des points de vue différents, dont l'un est plutôt conservateur et l'autre plus réformiste. Cela ne veut pas dire qu'aucun des deux partis se soit lié à une doctrine fixe. On sait que ce sont le plus souvent des cabinets conservateurs qui ont fait triompher les plus importantes réformes. Les étiquettes des partis sont seulement pour la forme, et elles ne dépendent jamais de véritables conflits d'intérêts et d'opinions. Le seul antagonisme réel est entre le fait de gouverner et celui de ne pas gouverner. Les partis anglais sont aussi complètement que possible des organes constitutionnels, ayant pour mission l'un de gouverner le pays et l'autre de veiller à ce que le gouvernement soit bien conduit.

C'est qu'en effet la minorité a ici un véritable devoir à remplir : sa tâche, comme disait Fox, est d'être les très fidèles opposants de Sa Majesté. Dans les autres pays la minorité est plus ou moins opprimée et elle n'a généralement d'autre pensée que de lutter pour ses propres intérêts. Rien de semblable en Angleterre. La majorité sait que la minorité est son héritière désignée, et c'est pourquoi elle se garde bien de lui infliger aucune violence. La minorité de son côté a conscience qu'elle exerce un contrôle au nom de la nation et sous ses yeux, et que sa vigilance critique lui vaudra une confiance qui lui permettra de prendre à son tour la direction du pays ; et elle peut nourrir cet espoir, puisqu'elle ne représente, comme la majorité, aucun intérêt particulier différent de celui de la nation entière.

Cela nous amène à envisager les partis à un autre point de vue, dans leurs rapports avec la société. Ce côté est encore plus étrange que le côté constitutionnel esquissé précédemment. On serait tenté de penser en effet que dans ce pays où gouvernent les partis, ceux-ci ont dû plus qu'ailleurs imprégner le peuple de leur esprit et pénétrer jusque dans les couches sociales les plus profondes, partageant la nation en deux camps opposés et fortement organisés. Or il n'en est rien; et même on pourrait dire plutôt que la grande majorité du peuple anglais reste absolument en dehors des partis. Les choses ne se passaient pas ainsi sous les Stuarts, lorsque commença à s'opérer l'organisation des partis : cette organisation s'étendit, comme partout ailleurs, très avant dans la société. Mais elle se restreignit de plus en plus à mesure que les partis devinrent des organes gouvernementaux; et aujourd'hui c'est seulement tout en haut de l'échelle sociale, dans un cercle relativement étroit d'individus et de familles, que les partis ont une organisation solide et permanente. Les grandes masses populaires n'appartiennent à aucun parti. La preuve en est que le même peuple qui vote aujourd'hui pour les libéraux donnera demain ses voix aux conservateurs, pour les reporter après-demain sur les libéraux, et ainsi de suite. Ce fait, dont il est généralement tenu trop peu de compte, est le centre même du système des partis anglais ; c'est par là qu'ils tranchent si complètement avec les habitudes des autres nations. En effet, il ne faut pas y voir le résultat d'une indifférence ou d'une versatilité générales, mais bien plutôt d'un certain degré de réflexion et d'une compréhension très nette de la supériorité de la patrie sur les partis. Le corps électoral a le sentiment qu'il est placé comme un juge en face des partis antagonistes ; et c'est pourquoi il ne veut dépendre ni de l'un ni de l'autre et leur décerne à tour de rôle le prix du combat, suivant que tantôt l'un tantôt l'autre lui paraît le plus digne de présider aux destinées du pays. Ou bien encore, pour employer une autre image, le peuple anglais ressemble à un homme de haute taille placé debout au milieu d'une poutre en balançoire, tandis que deux enfants sont assis aux deux extrémités. Ceux-ci, qui représentent les libéraux et les conservateurs, s'élèvent et s'abaissent selon que l'homme du centre appuie plus fort d'un côté que de l'autre, mais lui-même n'appartient que momentanément à l'un ou à l'autre côté, et par suite il n'appartient en somme à aucun des deux.

Voilà ce que nous trouvons à la base du gouvernement de parti en Angleterre et du parlementarisme anglais. Les partis proprement dits forment une couche superficielle ; ce ne sont pas des partis d'intérêts, et, — ce qui n'est pas moins important, — ils ne sont que deux. Des phénomènes comme le parti irlandais du home-rule ou comme un parti ouvrier en voie de formation constituent des anomalies dans la vie politique de l'Angleterre. Ils sont anormaux tout d'abord parce qu'ils englobent le corps électoral lui-même et qu'ils sont de leur nature solidement établis et immuables, en outre parce qu'ils sont des groupements d'intérêts sur le modèle du continent et par là s'écartent complètement du type gouvernemental qui distingue les deux grands partis anglais. Enfin, s'ils étaient abondamment représentés à la Chambre des communes, ils bouleverseraient le jeu de balançoire qui assure le fonctionnement de ce mécanisme politique.

Une autre conséquence de l'organisation et du rôle des partis anglais, c'est que dans la Chambre des communes ils doivent être des partis de majorité pure et simple. La représentation proportionnelle est absolument incompatible avec le parlementarisme anglais. Ce système n'a d'ailleurs pas rallié en Angleterre les sympathies du public, bien que les défenseurs ne lui aient pas manqué et bien qu'on l'ait mis en partie à l'essai (1867). Mais il est à remarquer qu'on le défend ou qu'on le combat avec les mêmes arguments que dans les autres pays, c'est-à-dire avant tout du point de vue individualiste. Les Anglais ont une conscience aussi peu claire que les autres peuples de la structure particulière de leur Constitution, ce qui ne les empêche pas de sentir instinctivement ce qui convient et ce qui ne convient pas.

Enfin il ne faut pas oublier, parmi les traits caractéristiques de cette Chambre anglaise élue par le peuple et des partis qui la composent, que sur les 670 membres qui y siègent, on trouve à peine une douzaine d'ouvriers ou de représentants des ouvriers et pas un seul paysan. Malgré l'extension du droit de vote, la composition de la seconde Chambre n'est rien moins que démocratique. Cela résulte, il est vrai, en partie du coût toujours élevé des campagnes électorales et de l'absence d'une indemnité parlementaire, mais plus encore de la nature même de la Constitution et du caractère purement constitutionnel des partis.

Après nous être fait une idée de ces partis et de la majorité de la Chambre basse, parlons maintenant du *Cabinet,* qui est l'autre facteur dominant de la vie politique anglaise. Le Cabinet est sorti historiquement du *Privy Council* : il constituait le petit cercle des hommes avec lesquels le roi s'entretenait des affaires du royaume et dont il se servait pour les mener à bonne fin. Les ministres, comme on les appela plus tard, étaient à l'origine, comme dans tous les États monarchiques, les hommes de confiance du roi. Il choisissait ceux qu'il voulait et il les congédiait lorsqu'ils avaient cessé de lui convenir. Cet état de choses continua aussi longtemps qu'il fut possible à la royauté d'organiser elle-même une majorité dans la Chambre basse, c'est-à-dire jusqu'à la dernière partie du règne de Georges III.

En revanche, le principe de l'homogénéité du Cabinet s'introduisit déjà au temps de Guillaume d'Orange. Ce fut le premier pas vers l'émancipation, vers le stade où le Cabinet cessa de dépendre du roi pour dépendre de la majorité de la Chambre des communes. On s'approcha encore de ce stade avec Walpole, lorsque le Cabinet eut un chef, le premier ministre, qui représentait le Cabinet devant le roi et qui le conduisait dans le Parlement. Enfin le dernier stade fut franchi lorsque, comme nous l'avons dit, la majorité de la Chambre basse s'émancipa elle-même de la royauté. La liaison entre le Cabinet et cette majorité était en effet si étroite que celle-ci devait maintenant suivre celui-là. Aucun gouvernement n'était possible sans l'accord avec la majorité parlementaire. C'est pourquoi le Cabinet dut suivre la majorité comme la majorité avait suivi le Cabinet. C'est ainsi que le choix des ministres glissa des mains du roi, et qu'il y eut en ce cas comme dans tant d'autres, substitution de la Chambre à la royauté. Sans doute la Chambre des communes ne nomme pas les ministres et ne les indique même pas ; mais le monarque est néanmoins lié dans son choix. Il doit prendre les personnages que la majorité reconnaît pour ses chefs ; c'est généralement le plus en vue parmi eux qui est appelé à dresser une liste des futurs ministres, et cette liste est immédiatement approuvée.

Le Cabinet proprement dit comprend à peu près les mêmes fonctionnaires que les ministères des autres pays, quoique ces hauts personnages anglais soient souvent chargés de fonctions et de titres archaïques. Cependant le nombre des hommes qui font partie du Cabinet est plus considérable que partout ailleurs, même si on néglige la suite parlementaire que le Cabinet traîne après lui et qui comprend même le personnel le plus intime de la cour royale (par exemple les camérières de la reine Victoria). On compte en tout de cinquante à soixante personnes appartenant au

Cabinet ou qui l'accompagnent. Mais la question de la composition du Cabinet est moins importante pour notre exposé que la question de son existence. Le Cabinet se maintient ou tombe suivant que les votes de la Chambre basse sont pour lui ou contre lui ; ce que dit ou fait la Chambre haute n'entre pas en ligne de compte. Il peut sembler étrange, étant donné le système anglais du gouvernement d'un parti, que les votes puissent être contraires au Cabinet. Que cela ait lieu dans les pays où la majorité résulte d'une coalition de partis différents, rien de plus naturel ; mais ici où le gouvernement est le mandataire de la majorité, le même fait prend un aspect plus singulier : voter contre le gouvernement, c'est, semble-t-il, se renverser soi-même. Mais ceci nous prouve tout simplement une fois de plus que l'Anglais n'est pas homme de parti au sens continental du mot. Ce n'est pas seulement la grande masse du peuple anglais qui se tient en dehors des partis ; cette indépendance s'étend jusqu'à la Chambre des Communes, à telles enseignes que des hommes élus hier comme libéraux peuvent voter aujourd'hui avec les conservateurs et vice versa. Ce n'est pas parce que la discipline leur a fait défaut, mais parce que l'opinion du pays s'est retournée. Les partis du Parlement anglais ne font pas en effet de politique pour leur compte personnel, comme cela se fait ailleurs, mais ils sont en règle générale un écho fidèle des mouvements d'opinion qui se manifestent en dehors de leurs murs.

Autrefois, avant que le régime parlementaire fût parvenu à la perfection qu'il possède aujourd'hui, et lorsque la volonté du monarque signifiait quelque chose, on voyait durer longtemps les mêmes cabinets. De nos jours ils sont devenus plus éphémères, c'est-à-dire qu'ils suivent mieux les fluctuations de l'opinion publique. C'est celle-ci en dernière analyse, c'est l'opinion publique éclairée qui fonde ou qui renverse les cabinets. Le choix des ministres par la nation a remplacé le choix qui en était fait autrefois par le monarque. Mais celui-ci n'est pas pour cela un simple spectateur oisif des revirements de l'opinion. Au contraire, c'est précisément dans ces occasions que le monarque dépose le rôle passif auquel l'évolution politique du pays a fini par le condamner. Représenter l'État d'une part et de l'autre s'entremettre dans les crises ministérielles et en surveiller la marche, telles sont actuellement les deux tâches les plus importantes du monarque anglais. La seconde en particulier exige beaucoup de tact et une vue claire de la situation. En effet, beaucoup de cas différents peuvent se présenter, et entre autres celui où la Chambre basse ne correspond plus à l'opinion publique et où la dissolution du Parlement accompagnée d'un appel aux électeurs peut se présenter comme une nécessité. Or c'est au monarque qu'il revient de juger ce cas ainsi que d'autres moins graves : telle est sa tâche spéciale. Comme on le voit, le roi d'Angleterre est arrivé à prendre, dans ce domaine que ne spécifie aucune loi écrite, un rôle considérable, lequel est comme un dédommagement pour l'omnipotence qui lui était enlevée sur d'autres terrains. En outre, il est incontestable que le roi peut exercer une influence morale sur les ministres et sur la direction du gouvernement ; mais cette influence, qui n'est pas conditionnée par la Constitution, est accidentelle et dépend des qualités personnelles du monarque.

III

LE GOUVERNEMENT

Après avoir indiqué le minimum nécessaire sur la situation extérieure et l'organisation de la majorité et du Cabinet, il nous reste à les considérer dans leur activité comme organes d'État, et cela d'une façon générale aussi bien que dans les rapports mutuels de ces deux organes. Le Parlement est le seul véritable pouvoir de l'État; il est tout-puissant. Suivant un mot connu dont l'auteur est DE LOLME, le Parlement peut tout, excepté faire d'un homme une femme et d'une femme un homme. Les juristes anglais depuis BLACKSTONE jusqu'à DICEY répètent à près la même chose, mais avec leur formalisme habituel ils mettent en cause non le Parlement tout seul mais *the King in Parliament*, autrement dit les trois personnes politiques dont l'approbation est officiellement requise pour chaque loi : *King, Commons and Lords*. Mais, comme nous l'avons indiqué, deux des personnes de cette trinité ne sont que des comparses sans volonté; et surtout la quote-part du roi dans le pouvoir a été réduite à un minimum. On est donc fondé à affirmer qu'en Angleterre le Parlement est le véritable souverain et que le régime anglais est un gouvernement démocratique exercé exclusivement par le Parlement. Si l'on examine une à une les attributions de ce dernier, on pourra vérifier la justesse de notre théorie.

Toutes les questions d'impôts, comme il fallait s'y attendre, sont entre les mains du Parlement, et aussi tout ce qui concerne les dépenses et les revenus de l'État. Il est vrai qu'environ les

6/7 des revenus totaux sont stables, autrement dit soustraits aux votes annuels, de même qu'un tiers environ des dépenses (dette publique, liste civile, pensions, etc...) Mais déjà sous le règne de Charles II la Chambre des communes obtint la garantie que tous les articles inscrits au budget seraient ponctuellement observés, et pour faire face aux dépenses, lesquelles sont complètement spécifiées, il faut une autorisation expresse qui est donnée sous une forme générale par un *Appropriation act* annuel ; à cela se joint *l'Army discipline act* (*Mutiny act*) relatif à l'armée et aux lois militaires ; cet acte, également voté tous les ans, complète la toute-puissance financière du Parlement. Celui-ci dispose encore du pouvoir législatif tout entier : la seule part qu'y prenne désormais le roi consiste à apposer *the great seal* au bas des décisions du Parlement. Sans doute le roi a théoriquement en réserve son droit de veto qu'aucun acte ne lui a enlevé ; mais l'exercice de ce droit est suspendu pour toujours. Comment s'est produite cette décadence, c'est ce que nous ne pouvons raconter ici en détail. Elle s'est produite sans que les hommes d'État ni même le monarque lui-même s'en soient aperçus : mais elle est pourtant une conséquence de leurs actes. C'est ainsi que la logique naturelle des événements se joue souvent des plans conçus par les hommes politiques. Ce sont les efforts constants du monarque pour s'assurer la majorité parlementaire qui eurent des conséquences si désastreuses pour le pouvoir royal. Car comme l'harmonie complète régnait perpétuellement entre le gouvernement et la majorité de la Chambre basse, celle-ci ne prenait aucune décision qui n'eût été par avance approuvée du monarque. Par suite la sanction royale donnée ultérieurement était une chose qui allait de soi. Au cours d'un siècle de pratique, cette idée s'implanta si définitivement dans les esprits que quand plus tard le pouvoir de constituer sa majorité vint à échapper au roi, le droit de veto tomba en même temps. On s'était habitué pendant si longtemps à considérer la sanction royale comme une pure formalité, qu'elle le devint en effet pour de bon. La couronne ne possède plus actuellement aucun pouvoir propre en matière de législation, excepté en ce qui concerne les *provisional orders*, c'est-à-dire le règlement de certaines affaires administratives peu importantes. Et pourtant cette réglementation exige l'approbation tacite ou expresse du Parlement pour avoir force et durée.

La fonction de contrôle exercée par la Chambre sur le gouvernement n'est pas aussi développée que les autres fonctions : elle l'est en tous cas beaucoup moins qu'en Suède. Tout d'abord, ce contrôle ne porte que sur la gestion des finances du royaume. Toutes les autres attributions du gouvernement peuvent donner matière à interpellation et à examen, mais tout à fait accidentellement, car il n'existe pas de procès-verbal à examiner : il n'est tenu aucun protocole des délibérations du Cabinet. Et même d'autres actes demeurent en règle générale inaccessibles au Parlement ; la plupart du temps c'est le ministre intéressé qui juge lui-même s'il doit les réserver ou les faire connaître. Même le contrôle de l'administration des finances a été jusqu'en 1866 très incomplet. Il s'est perfectionné depuis cette date, mais il est confié pour l'essentiel à un service spécial de fonctionnaires à demeure (*the Department of Exchequer and Audit*), ayant pour chef *the Comptroller general*. Les causes dernières pour lesquelles ce côté de la puissance parlementaire est resté si négligé, peuvent se ramener à deux essentielles : le peu de développement du système des comités dans le parlement anglais et, en outre, le régime du gouvernement de parti, lequel a pour base principale la confiance. Le gouvernement est composé précisément des hommes de confiance de la majorité. Celle-ci ne se préoccupe pas de les importuner par une censure minutieuse, et la minorité elle-même n'en sent pas le besoin. C'est aussi pour la même raison que le droit attribué au Parlement de mettre les ministres en accusation par la procédure de l'*impeachment* (la Chambre basse portant l'accusation devant le tribunal de la Chambre haute), se trouve relégué avec tant d'autres prescriptions dans le vaste musée d'antiquités du droit constitutionnel anglais.

En dehors de ces attributions plus ou moins reconnues à toute représentation populaire, il en est d'autres qui sont spéciales au Parlement anglais. Ainsi la Chambre des communes peut recevoir des pétitions provenant des particuliers et ayant trait à n'importe quel sujet ; elle reçoit aussi des plaintes contre l'administration, des suppliques, etc... Et comme c'est le droit de tout citoyen anglais d'adresser des pétitions à la couronne ou à la Chambre des Communes, on comprend que ce chapitre soit très chargé. Au cours de la période quinquennale de 1873 à 1877 le nombre des pétitions soumises à la Chambre basse ne fut pas inférieur à 91.846[1].

1. W. R. Anson, *The law and custom of the constitution*, I, 3e éd. 1897, p. 362.

Il y a cependant une attribution beaucoup plus importante ; c'est celle qui concerne les *private bills*. Toutes les fois qu'une entreprise locale ou privée exige une autorisation officielle, cette autorisation est demandée au Parlement, qui l'accorde ou la rejette sans l'assistance du gouvernement. Toutes les demandes relatives au droit d'exproprier des terrains, de construire des chemins de fer, des canaux, des ports, etc... sont adressées au Parlement, qui se trouve exercer ainsi une des fonctions du pouvoir exécutif. L'origine de cette curieuse usurpation de pouvoirs doit être cherchée dans le droit général de législation attribué au Parlement. Les autorisations et demandes en question étaient considérées comme des exceptions au droit général et par suite elles devaient être portées devant la même institution qui avait fait les lois. Cependant les *private bills* ne sont pas traités de la même manière que les autres projets de lois, et ils sont soumis à une procédure qui ressemble à celle des tribunaux ordinaires. — Enfin, pour nous en tenir aux attributions politiques du Parlement, (on sait que les deux Chambres ont en outre des attributions judiciaires pour leurs affaires particulières et que la Chambre des lords fait fonction de tribunal suprême dans la juridiction générale), nous rappellerons le pouvoir que possède chacune des deux Chambres d'instituer des commissions d'enquête dans n'importe quelle circonstance, avec le droit d'entendre des témoignages sous serment.

Comme on le voit, le Parlement anglais dispose d'une autorité vraiment unique. On peut dire qu'il a concentré en lui tout le pouvoir de l'État, surtout si l'on réfléchit que le ministère est seulement une délégation du Parlement. En tous cas, suivant l'esprit de la Constitution toute entière, il ne partage le pouvoir avec aucune autre institution de l'État. Mais voici maintenant le point le plus remarquable de l'étonnante Constitution anglaise : la plus grande partie de cette autorité, le Parlement ne la possède qu'en puissance. A vrai dire, elle n'est actuelle que dans les cas signalés par nous en dernier lieu (pétitions, *private bills* et commissions d'enquête) ; quant au reste, elle demeure pour ainsi dire en suspens. Bien que tout-puissant au point de vue du droit, le Parlement anglais exerce en fait une puissance moindre qu'aucune autre représentation moderne. Ajoutez à cela que ses membres individuels sont aussi dépendants que nulle part ailleurs. Le tout-puissant Parlement anglais est sur le point de subir le même sort qui a frappé le monarque jadis autocrate. Le pouvoir que le Parlement a arraché au roi morceau par morceau, il le perd lui-même... au profit du Cabinet. Le Cabinet, que la constitution écrite ne connaît même pas, hérite non seulement du pouvoir royal, mais encore de la plus grande partie des pouvoirs du Parlement. Le Cabinet est à l'heure actuelle le véritable souverain de l'Angleterre.

Il exerce cette puissance immédiatement et en pleine indépendance par une autorité ministérielle très étendue ; il gouverne tantôt collégialement, tantôt séparément et par ministères distincts. La politique étrangère, qui est une question vitale pour ce vaste Empire, est traitée par le ministre compétent avec l'assistance de ses collègues et avant tout du premier ministre, sans immixtion du roi ni du Parlement. La royauté (sous la reine Victoria) a eu de la peine à se réserver le droit d'être simplement renseignée sur les affaires étrangères ; quant au Parlement, il ne peut même pas prétendre à cela et doit se contenter de ce que le ministre veut bien communiquer aux Chambres et à la nation sous les espèces d'un « livre bleu ». De plus, la nomination aux emplois est en règle générale l'affaire personnelle du ministre, lorsqu'elle n'est pas confiée à des autorités en sous-ordre. Du reste, le ministère et ses membres tranchent avec pleins pouvoirs toutes les questions ordinaires du ressort du gouvernement, excepté celles qui rentrent dans la catégorie *private bills.* En outre, ils disposent de ressources budgétaires ou bien ils s'en réservent à l'avance avec droit de virement, mais seulement pour l'administration de l'armée et la flotte. En même temps ils ne sont soumis, comme nous l'avons vu, à aucun contrôle, excepté en ce qui concerne les dépenses ordinaires et les *provisional orders*, qui doivent être présentés au Parlement.

Si considérable que soit cette autorité gouvernementale immédiate, ce n'est cependant pas elle qui donne au Cabinet sa puissance inouïe; celle-ci lui vient indirectement de ses rapports avec le Parlement, dont il dirige complètement les travaux. Toute initiative, non seulement en matière de législation, mais encore en matière d'impôts et de finances, a été transportée du Parlement au ministère. Pour cette dernière initiative financière, le transfert s'était produit de bonne heure: déjà en 1706 un règlement permanent (*standing order*) établit que la Chambre des communes, qui possède l'initiative dans les questions de subventions, ne peut accepter de personne, sauf de la couronne, aucune pétition ni aucune motion visant le budget de l'État. Cette prescription est devenue par la suite une des règles fondamentales de la vie politique anglaise et une garantie contre les influences privées ou locales qui s'exercent si souvent dans d'autres pays. Mais par là aussi le pouvoir immédiat de la Chambre se trouve singulièrement réduit dans tous les domaines de la vie politique puisque presque toutes les mesures exigent de l'argent.

Pour ce qui est de l'initiative des lois, la situation du Parlement n'est guère meilleure. Sans doute cette initiative est laissée en théorie à tous les membres des deux Chambres ; mais l'ordre du jour met de tels obstacles aux propositions des motionnaires que très peu d'entre elles sont acceptées pour examen ; et un projet n'a de chances de passer que si le gouvernement veut bien le prendre en main, et le faire sien. En somme, le droit de motion, dont on fait malgré tout un usage très fréquent dans la Chambre des communes, ne donne guère de satisfaction sauf dans des cas très rares. Le Cabinet répond à lui seul du travail législatif. Le Parlement se borne à adopter ou à rejeter, après discussion naturellement, les projets du Ministère, ou plus exactement il se borne à les adopter. Car aussi longtemps que le Cabinet a la confiance de la Chambre, c'est-à-dire aussi longtemps qu'il a pour lui la majorité, la Chambre doit dire amen à tout ce qu'il lui propose. En Angleterre, disions-nous, le Parlement domine tout; mais le Cabinet domine le Parlement et c'est lui en fin de compte qui détient tout le pouvoir. Rousseau, parlant de la liberté du peuple anglais, dit quelque part que cette liberté ne devient réelle que dans les occasions où le peuple choisit une nouvelle Chambre[1]. On pourrait dire avec plus de raison que le Parlement n'est libre et puissant que dans le moment où il renverse le Cabinet. En temps ordinaire il est seulement un instrument docile entre les mains du ministère.

Tel se présente à nous le parlementarisme anglais, dépouillé de ses ornements archaïques et de ses trompe-l'œil. Plusieurs s'étonneront de l'image que nous venons d'en tracer et la trouveront toute différente de celle qu'on se forme d'ordinaire. La souveraineté parlementaire qui s'était substituée, après des siècles de lutte, à la souveraineté du prince, a en fait cédé la place à une hégémonie ministérielle. C'est là le trait le plus caractéristique de ce type de parlementarisme, mais c'est aussi le plus énigmatique. On se demande involontairement : Comment a-t-il

1. *Contrat social,* livre III, chap. XV.

pu se faire que le pouvoir du Parlement ait passé aussi complètement entre les mains du ministère? Pourquoi le Parlement n'a-t-il pas conservé par devers lui la puissance qu'il avait conquise de haute lutte sur la royauté? La réponse à ces questions nous est fournie en partie par toute l'histoire des deux derniers siècles et notamment par cette prescription de 1706, relative aux *money bills*. Mais il faut faire intervenir aussi, — je dirais même surtout, — un fait purement technique, savoir : le peu de développement du système des comités dans le Parlement anglais. C'est seulement pour les pétitions et les *private bills* que nous trouvons des comités bien organisés, et encore sont-ils de date tardive (années 1833 et suiv.). On ne peut faire entrer en ligne de compte les *standing committees* (pour les questions législatives et les industries), institués en 1882. Du reste le système des comités comprend depuis très longtemps la Chambre entière (*Committee of the whole House*), où les ministres et leurs suppléants sont présents et dirigent le débat. Par là toute domination des comités sur le ministère s'est trouvée empêchée, et surtout le Parlement a été hors d'état de traiter les affaires au lieu et place du gouvernement ou de s'immiscer dans l'activité gouvernementale. Cependant une tentative de ce genre fut faite en 1855, lorsqu'on institua une commission pour examiner la situation de l'armée pendant la guerre de Crimée; mais, bien que défendue par PALMERSTON, cette innovation fut généralement mal accueillie. Elle donna à GLADSTONE l'occasion de prononcer quelques paroles qui expriment bien les idées anglaises sur les rapports mutuels du gouvernement et du Parlement : « Une pareille commission, » disait-il, « devient une commission gouvernante qui enlève au pouvoir exécutif les plus hautes et les plus importantes de ses fonctions. Je suis convaincu que l'institution d'une pareille enquête confiée à une commission parlementaire est incompatible avec la confiance que le Parlement doit avoir dans les chefs du gouvernement, et surtout avec le prestige et l'autorité nécessaires aux ministres de la couronne, à quelque parti qu'ils appartiennent et quels que soient leurs principes politiques[1] ». Ces paroles, qui visaient une commission spéciale, peuvent s'appliquer plus généralement à la manière dont on envisage en Angleterre le régime des comités. Cette conception est à la fois une conséquence et une cause du gouvernement

1. D'après ANSON, *The law*, etc., p. 367.

de cabinet tel qu'il se pratique en Angleterre. Il a manqué au Parlement anglais les organes nécessaires pour exercer la puissance qui était en lui. C'est pourquoi cette puissance a été transférée au gouvernement; c'est pourquoi la Constitution anglaise est devenue ce qu'elle est actuellement, à savoir un gouvernement de parti concentré dans un cabinet tout-puissant. A la différence des autres variétés de parlementarisme, celle-ci peut être appelée non seulement un parlementarisme unitaire, mais plus exactement un parlementarisme de Cabinet.

III

LE PARLEMENTARISME ANGLAIS SUR LE CONTINENT

Après avoir étudié le parlementarisme de Cabinet dans sa patrie d'origine, il convient de le suivre dans les applications qu'il a reçues hors de ses frontières. Mais on comprend que nous ne puissions pas traiter ce sujet en détail. Nous nous contenterons de passer en revue quelques cas, en insistant particulièrement sur les déviations diverses subies par le type primitif. Le système politique de l'Angleterre a été plus admiré que bien compris. Aussi les imitations sont-elles très différentes de l'original. Il n'y a rien d'étonnant à cela, car la Constitution anglaise est l'œuvre en grande partie inconsciente d'une évolution de huit siècles, le produit naturel du génie d'une race. De ce long travail on ne pouvait copier que les résultats extérieurs consignés dans les lois et dans les institutions : mais l'esprit qui animait la Constitution anglaise et qui avait présidé à sa croissance n'était pas susceptible d'imitation. Même l'imitation des caractères extérieurs n'a été réussie qu'en partie, soit que les institutions anglaises soient trop intimement liées à l'histoire et au génie du peuple anglais pour pouvoir exister sans leurs racines, soit qu'on n'ait pas compris le mécanisme de la Constitution prise pour modèle. Le moyen le plus simple de bien apercevoir ces erreurs est de dresser une liste des traits caractéristiques de la Constitution anglaise et de la confronter avec les copies. Voici donc quelles sont les pierres angulaires du parlementarisme anglais :

Un monarque qui ne participe pas aux délibérations du Cabinet et qui ne dispose pas du veto contre les décisions du Parlement ;

Un Parlement composé en fait d'une Chambre unique, étant donné que la Chambre haute a perdu toute importance politique et toute personnalité ;

L'absence de comités permanents pour diriger le Parlement et contrôler le ministère ; et d'ailleurs absence totale de procès-verbaux ministériels que l'on puisse examiner et discuter ;

Le Cabinet possédant l'initiative entière en matière de finances comme en matière de législation et dirigeant les travaux du Parlement ;

Un Cabinet composé des hommes de confiance de la majorité ;

Une majorité parlementaire homogène et deux partis seulement ;

Le corps électoral échappant dans son ensemble à l'influence des partis et donnant la prépondérance tantôt à l'un tantôt à l'autre.

Si l'on compare avec ce schéma les constitutions que l'on a établies après coup en Europe d'après le modèle anglais, on constate partout de grandes divergences. Presque toutes se séparent du modèle en ce qui concerne la nature des partis. En effet, ceux-ci ont souvent pour base une différence de religion ou de nationalité, et alors l'antagonisme prend un caractère permanent. Les partis ne demeurent plus à la surface, ils pénètrent dans l'intimité de la nation ; si bien qu'il est impossible de passer de l'un à l'autre à la manière anglaise. Ou bien encore l'antagonisme des partis a un caractère social, il s'agit d'une lutte de classes. En ce cas également la scission est profonde, bien que moins grave et moins intime que dans le cas précédent. Un revirement peut se produire ici dans l'opinion et parmi les électeurs, mais il se produit ordinairement après que le parti dirigeant a fait beaucoup de mal au pays. En tous cas les partis ont toujours derrière eux des intérêts à défendre ; ce ne sont pas, comme en Angleterre, de simples partis de gouvernement. D'ailleurs ils sont plusieurs au lieu d'être seulement deux. De même les idées continentales d'après lesquelles il doit y avoir une droite, une gauche et un centre aussi nombreux que possible, jurent complètement avec l'organisation anglaise. Il en résulte que la majorité parlementaire est souvent une majorité de coalition, sans consistance et sans principes, et par suite sans lien véritable avec la nation. En ce cas le pays n'est pas gouverné d'après l'opinion éclairée, mais suivant le hasard des groupements de partis dans le Parlement.

A côté de ces dissemblances qui résident en dehors de la Constitution proprement dite et qui ont leur origine dans des différences historiques ou psychologiques, il en est beaucoup d'autres qui portent sur les institutions elles-mêmes. Il convient d'en signaler une tout particulièrement, parce qu'elle se présente à chaque pas : c'est la façon différente dont on a organisé les comités et dont ils fonctionnent. L'absence de comités permanents est, avons-nous vu, un fait capital dans la Constitution parlementaire anglaise ; et ce fait nous a aidé à expliquer le régime du gouvernement ministériel. Partout où le Parlement est arrivé à organiser son travail et à le répartir entre un certain nombre de petites délégations, celles-ci font des efforts sinon pour prendre elles-mêmes la direction des affaires, du moins pour exercer sur les ministres une sorte de tutelle et les transformer en exécuteurs plus ou moins soumis de leurs volontés. Il est clair qu'ainsi l'autorité dont les ministres peuvent disposer sur le Parlement leur échappe facilement des mains. En tous cas ils doivent soutenir une lutte perpétuelle pour l'hégémonie. Ce système porte en même temps atteinte à l'organisation intérieure du ministère et nuit à sa cohésion, lorsque chaque ministre doit, comme en Belgique et actuellement aussi en France, répondre de ses actes devant un comité spécial et discuter avec elle. Mais ce qu'il y a de pis, c'est que le Cabinet n'est plus en état de conduire le gouvernement avec l'indépendance et la sûreté de main qu'exige le bien général et qui devraient précisément faire la force et la supériorité du parlementarisme de Cabinet. Il est curieux que les hommes d'État n'aient pas vu clairement l'incompatibilité de cette dernière forme de gouvernement avec le système des comités. Du reste, dans les pays qui ont adopté le même régime, les Parlements nouvellement créés ont trouvé dans l'exercice direct du pouvoir un avantage trop tentant pour en faire sacrifice au ministère, comme le système l'eût cependant exigé.

Enfin on peut rapprocher de cette déviation un usage très général d'après lequel des projets budgétaires peuvent être présentés sous forme de motions individuelles. Mais il semble qu'en fait des motions de ce genre ne se produisent pas bien souvent.

En dehors des différences générales que nous remarquons entre les imitations et le modèle, chaque pays nous offre ses déviations particulières. La Belgique, qu'il convient de citer en tête puisqu'elle est considérée comme la première introductrice de ce régime sur le continent, l'a en fait si mal imité qu'on se demande, — comme nous l'avons déjà dit, — si le système belge est une monarchie constitutionnelle ou bien le parlementarisme. Ainsi le roi y dispose d'une influence beaucoup plus grande que celle qui devrait lui revenir dans un régime parlementaire du type anglais. Et en effet il est dit expressément dans la Constitution belge que le roi exerce telle et telle fonction, sanctionne les lois, — ou même leur refuse son approbation, — fait et défait les ministres, dirige l'armée, s'occupe des affaires étrangères, etc. En Angleterre le monarque possède théoriquement les mêmes attributions, mais elles sont depuis longtemps recouvertes par la poussière de l'oubli et l'on ne s'en sert plus. Par contre, en Belgique, comme partout où le parlementarisme a été codifié à une date récente, les prescriptions constitutionnelles ne sont pas lettre morte. D'autres circonstances contribuent à donner au monarque un rôle plus important qu'il ne devrait être dans ce régime et qui, semble-t-il, ne fait que s'accroître : ainsi la part qu'il prend aux délibérations du Conseil des ministres, les conférences privées qu'il tient avec les ministres particuliers à côté du chef de cabinet, et surtout l'état des partis, qui fait souvent de lui un véritable négociateur entre des adversaires acharnés et qui par suite le rend maître de la situation politique. De même le système à deux Chambres est en Belgique plus développé qu'il ne conviendrait à ce type de parlementarisme. Cependant ce défaut est atténué par le fait que ce sont les mêmes électeurs, — sauf la différence d'âge (25 et 30 ans), — qui choisissent les députés et la plus grande partie des sénateurs. Le système de la représentation proportionnelle ne s'accorde pas non plus avec le parlementarisme majoritaire. Mais la nature des partis belges, — qui s'accorde encore moins avec un tel régime, — rendait nécessaire l'introduction de ce système de vote.

En Italie le régime des deux Chambres ne constitue aucun obstacle réel à un gouvernement de majorité, car le Sénat, entièrement nommé par le roi, n'est guère autre chose qu'une assemblée de conseillers et de réviseurs. Mais, il y a, dans la Constitution même et plus encore en dehors d'elle, d'autres circonstances qui font que le système italien présente des défauts graves. La situation du Cabinet se trouve affaiblie d'un côté par l'influence du monarque et de l'autre par celle de la représentation. Le roi peut prendre part aux délibérations des ministres et même conférer, comme en Belgique, avec les ministres pris séparément; de plus, il participe activement à la formation du Cabinet. Par suite de l'état des partis, celui-ci est régulièrement un ministère de coalition. Il n'est donc pas homogène et ne trouve pas parmi les représentants une majorité compacte qui le soutienne. Au lieu de se présenter comme les partis belges, en phalanges solides, les partis italiens sont extrêmement mobiles et vacillants. Mais le défaut capital c'est le « régionalisme », c'est-à-dire la tyrannie des intérêts locaux et individuels. A ce point de vue la *Camera dei deputati* est à peine une représentation moderne ; et la Chambre à laquelle elle ressemble peut-être le moins, c'est précisément la Chambre des communes, dont on connaît les mœurs sévères en matière d'influences locales et particulières.

Dans la péninsule balkanique, et principalement en Grèce, des tentatives ont été faites, comme on le sait, pour acclimater le parlementarisme anglais. La Grèce satisfait extérieurement aux exigences de ce régime ; elle a une Chambre unique et un gouvernement de Cabinet ; mais l'état des partis et le caractère de la nation ne sont pas à la hauteur d'un système aussi perfectionné.

De nos deux pays voisins, la Norvège et le Danemark, le premier prétend avoir appliqué jusqu'au bout le système parlementaire. Et en fait la Norvège a établi complètement le gouvernement populaire, à la suite d'un long conflit entre le Storting et la Couronne, conflit dont la cause profonde était dans le caractère hétérogène de la Constitution de 1814 et qui se termina en 1884 par une condamnation, sans précédent dans l'histoire moderne, des conseillers d'État. Par certains côtés encore ce régime rappelle beaucoup le type anglais, ainsi par le système à une seule Chambre — condition nécessaire pour une majorité unique, — par le droit de veto suspensif accordé au roi et par l'influence très limitée de ce dernier. De plus, le gouvernement exercé en l'absence du roi fraye la voie à un gouvernement de Cabinet sans la présence du monarque aux délibérations, et en effet le Cabinet norvégien gouverne déjà dans une large mesure. Enfin, en Norvège comme en Angleterre nous ne trouvons à proprement parler que deux grands partis. Mais malgré toutes les ressemblances que nous venons d'énumérer, le gouvernement populaire de la Norvège ne coïncide nullement avec le parlementarisme de Cabinet. En effet, outre que le système des comités y est fort développé, on a emprunté à la Suède l'examen des procès-verbaux du Conseil des ministres. Or rien n'est plus inconciliable que ce contrôle avec le parlementarisme du type anglais. Il soumet les ministres à une critique minutieuse qui leur enlève le courage et la confiance en eux-mêmes et qui fausse complètement leurs rapports avec la représentation. C'est pourquoi l'initiative et la direction des affaires ont passé entre les mains du Storting, devant qui les « conseillers d'État » sont comme des serviteurs attentifs à la volonté du maître. Enfin, si l'on considère le caractère des partis norvégiens et l'esprit ultra-démocratique qui anime toute la vie politique de ce pays, on voit que la Constitution norvégienne est loin du type que nous appelons le parlementarisme de Cabinet. Elle me paraît plutôt en train de passer à une autre catégorie de parlementarisme, par exemple à un régime où la Chambre gouvernerait.

En Danemark, où après de longues luttes, — causées elles aussi, en dernière analyse, par des antinomies constitutionnelles, — un ministère de gauche est arrivé au pouvoir (1901), ce changement politique a fait espérer l'introduction d'un régime parlementaire sur le modèle anglais. Il est possible que le Danemark en arrive là, malgré la situation trop indépendante du landsting et malgré l'importance du rôle attribué au roi. Certaines particularités font que le terrain paraît ici mieux préparé que nulle part ailleurs à recevoir cette plante importée d'Angleterre, — pourvu naturellement qu'on ne gâche pas les choses par ignorance. En Danemark, les comités ne tiennent qu'une place très restreinte et on ne connaît pas l'examen des procès-verbaux ministériels. Les ministres ont de grandes attributions gouvernementales, et nous trouvons dans la

« conférence ministérielle » ainsi que dans le § 16, — aujourd'hui rarement appliqué, — de la Constitution, des éléments favorables à un développement plus complet encore du gouvernement de Cabinet. Enfin la situation réciproque des partis dans ce petit pays est relativement simple et il ne serait pas impossible d'arriver à un groupement en deux grands partis : une droite et une gauche. Mais le grand obstacle, ici comme ailleurs, c'est que la nation elle-même est engagée dans les partis et qu'il manque en Danemark cet esprit aristocratique si marqué dans le régime anglais.

C'est cependant la France qui nous présente le cas le plus curieux de parlementarisme unitaire. Ici en effet ce régime n'est pas, comme à l'ordinaire, adapté à une monarchie, mais à une république. Ce mélange n'avait de précédent que dans quelques États de l'autre côté de l'Atlantique : le Chili, le Venezuela, Haïti et Saint-Domingue ; et de pareils modèles n'étaient pas très engageants. Les préceptes du droit constitutionnel ne recommandaient pas non plus cette combinaison comme un régime idéal. Il est vrai que les idées politiques du temps étaient favorables à une république et aussi à un parlementarisme majoritaire ; on voyait dans chacun de ces systèmes la garantie d'une souveraineté populaire, mais on ne songeait pas à les fondre ensemble. Ce furent en fait le hasard et les circonstances, bien plus qu'une pensée politique consciente, qui donnèrent à la France en 1875 le régime conservé par elle depuis lors. Deux partis se trouvaient en présence, dont l'un voulait une monarchie sur le modèle anglais et l'autre une république. Le résultat fut un compromis qui réunissait les deux systèmes.

Beaucoup penseront peut-être qu'un pareil compromis est condamné d'avance. Joindre ensemble un régime qui s'est développé dans une monarchie et qui porte des traces multiples de cette origine, et d'autre part la république, qu'on se représente généralement comme l'antithèse même de la monarchie, voilà une entreprise qui peut paraître bien risquée. Sans doute l'antithèse populaire entre la république et la monarchie n'est pas juste, puisque, comme on l'a vu, les constitutions politiques ne se définissent pas par le caractère du chef de l'État. Cependant il est incontestable que ce dernier élément a une grande importance et qu'il doit, comme tous les éléments importants d'une constitution, être en harmonie avec les principes fondamentaux du système. On peut donc se demander si un président responsable et nommé à terme s'accorde bien avec le gouvernement de parti à la manière anglaise.

L'une des fonctions principales du chef d'État dans un semblable gouvernement, c'est de régler les changements de ministères. Cette fonction s'accomplit d'ordinaire sans grandes difficultés non seulement dans un pays pourvu d'une tradition politique comme l'Angleterre, mais aussi dans les autres monarchies parlementaires, grâce à la présence d'un chef d'État héréditaire et irresponsable. Demeurant en dehors des partis, celui-ci peut observer avec calme leurs fluctuations et effectuer avec impartialité les changements de gouvernement qu'exige le système. De même un monarque, et encore mieux une reine, — car c'est surtout à une femme que convient ce système politique, — s'accommode en général fort bien de la passivité imposée pour le reste au chef de l'État. Exclus par leur éducation et par le protocole des luttes et des travaux où se consument les simples mortels, ils se font aisément à ce rôle de rois fainéants que la Constitution leur a assigné.

Mais tout cela convient-il à un président de république ? Avant d'être promu à sa haute dignité, il était lui-même un homme de parti, mêlé aux agitations et aux luttes du jour. Et comme on n'élève point à la présidence un homme qui ne se distingue pas de la foule par son énergie et par son intelligence, il lui est doublement pénible de déposer pour ainsi dire ses capacités au vestiaire et de se condamner lui-même à l'inaction supérieure que réclame son poste. Les présidents des autres républiques, — la Suisse exceptée, — sont ordinairement des hommes actifs, qui interviennent dans la marche des événements et qui ne se contentent nullement d'être des dalaï-lamas parlementaires. Il serait étrange qu'en France la même tendance ne se fît pas jour. C'est aussi ce qui a lieu dans la réalité, et les faits historiques le démontrent. Sur les sept présidents qui se sont succédé en France depuis 1875, on n'en compte pas moins de trois qui ont résigné leurs fonctions avant l'heure. Ils n'ont pas pu, comme l'exigeait le système, tenir le rôle de point fixe au milieu des révolutions ministérielles et observer d'un œil passif le jeu de la mécanique parlementaire ; ils ont mis le doigt dans les rouages en mouvement, occasionnant des crises auxquelles le parlementarisme n'est pas exposé dans une monarchie. C'est pourquoi le parlementarisme de cabinet et la république ne vont pas très bien ensemble, du moins étant donnée la situation qu'occupe en France le président. On eût peut-être évité quelques-unes des difficultés si le président avait été nommé à vie ou élu par tout le peuple, au lieu d'être choisi pour sept ans et par le Parlement. Mais la notion d'un président à vie est en contradiction avec les idées démocratiques, et le souvenir des événements de 1851 empêcha les Français de confier au peuple l'élection du chef d'État. En tous cas le temps et la pratique constitutionnelle pourront aisément amener l'harmonie nécessaire et prévenir des tiraillements résultant de cette cause.

Une autre déviation plus grave, c'est le développement pris en France par le système des deux Chambres. Le Sénat est ici un facteur politique beaucoup plus indépendant que les institutions correspondantes en Italie et même en Belgique. Les deux Chambres ont des droits égaux, sauf que la loi de finances doit être présentée d'abord devant la Chambre des députés. Mais cela ne suffit pas pour garantir à cette dernière la prépondérance ; et de même les conseils d'abnégation que le Sénat reçoit de savants juristes[1] ne peuvent guère l'empêcher de faire sentir sa puissance lorsque des courants d'opinion divisent fortement les esprits. La réforme de 1884, qui appliqua le prin-

1. Par exemple de M. ESMEIN, *Éléments*, p. 623 et suiv.

cipe de l'élection à tous les sénateurs, ne dut faire que fortifier la haute assemblée dans le sentiment du rôle important qu'elle pouvait et devait jouer. Le conflit qui survint en 1896, lorsque le Cabinet, malgré la confiance de la Chambre, dut céder devant la désapprobation du Sénat et se retirer, démontre clairement qu'il y a là un organe dont l'adaptation n'est pas complète. Il est du reste très possible que le Sénat devienne l'appui solide de la Constitution contre le parti socialiste si celui-ci prédomine dans la seconde Chambre. Mais c'est là une éventualité d'ordre politique et qui nous intéresse très peu dans cette étude des types constitutionnels.

Nous venons de noter deux points importants par où le régime français s'écarte du parlementarisme unitaire. On peut estimer comme des divergences plus graves encore le développement excessif des comités et le caractère toujours incertain des majorités. Ces défauts se manifestent en effet chaque jour, et tous deux de la même façon, tous deux ayant pour résultat d'affaiblir la situation du gouvernement et d'amener des crises ministérielles réitérées. Celles-ci ont aussi pour cause l'habitude des ordres du jour et des interpellations, qui, bien qu'appartenant au type primitif, sont devenus en France une véritable plaie.

Sous l'influence de ces causes la France a, si je ne me trompe, usé jusqu'à ce jour quarante et quelques ministères depuis l'inauguration du nouveau régime.

Par suite de l'émiettement des partis et de l'asemblage bigarré qui constitue la majorité, autrement dit « le bloc », le cabinet est rarement bien homogène, et il n'a pas la force de diriger les Chambres comme le voudrait le système. Cependant il faut reconnaître qu'on laisse une grande initiative parlementaire au gouvernement, surtout si nous comparons ce qui se passe en Suède à ce qui se passe en France : dans ce dernier pays le gouvernement a toujours conservé sa place naturelle et dirige vraiment les destinées de la nation. Ainsi au cours des années 1885-1889, sur 598 projets de lois présentés par le gouvernement et contenant des dispositions d'intérêt général, 429 furent adoptés, alors que dans le même temps, sur 618 motions individuelles 79 seulement obtenaient l'approbation de la Chambre[1]. La puissance extraordinaire

1. L. Dupriez, *Les ministres dans les principaux pays d'Europe et d'Amérique*, II (1893), p. 406. Cet excellent travail nous fait très bien comprendre les difficultés avec lesquelles le gouvernement est aux prises en France comme dans quelques autres pays qui ont cherché à imiter le régime anglais. Voir aussi Lawrence Lowell, *Governments and parties in Continental Europe*, t. I et II (1896).

dont dispose le gouvernement français en dehors des Chambres le dédommage de sa situation dépendante vis-à-vis des partis dans le Parlement et fait de lui le centre de la vie de l'État. C'est par là que nous entrevoyons la possibilité d'une marche heureuse pour l'expérience politique tentée en 1875 malgré les altérations apportées au type et surtout malgré le caractère des partis et celui de la majorité, si différents de ce qu'ils sont en Angleterre.

Comme on peut le conclure de cet exposé succinct, les imitations continentales du célèbre régime anglais sont à cent lieues de l'original. Le parlementarisme anglais ou, — comme on dit aussi, — « le parlementarisme » tout court, ou encore le gouvernement de la majorité, ne se laisse pas transplanter en terre étrangère sans que le type s'altère profondément et prenne des caractères entièrement nouveaux. Toutes les copies sont plus ou moins des caricatures. Mais si elles nous apparaissent ainsi lorsqu'on les confronte avec l'original, ne peuvent-elles pas avoir malgré cela une valeur indépendante, et en sont-elles pour cela moins aptes à remplir leur fonction, qui est de maintenir et de diriger l'État d'après les principes de la souveraineté populaire? Même à ce point de vue, la réponse ne me paraît pas non plus douteuse. En effet, nous ne voyons pas que les imitations aient satisfait complètement aux deux conditions essentielles d'une bonne constitution parlementaire, savoir : 1° que celui ou ceux qui déterminent en fait la volonté d'État et gouvernent le pays, soient des ministres portant devant la nation la pleine responsabilité de leurs actes et pouvant être jugés par tous et non pas des comités ou des députés individuels, sans responsabilité ; 2° que la majorité n'opprime pas la minorité et ne se décerne pas des avantages au détriment du bien général. Dans la vie politique anglaise, ces deux conditions sont remplies d'une manière particulièrement remarquable ; or c'est là précisément le point faible dans les contrefaçons continentales.

CHAPITRE VII

Le parlementarisme dualiste.

I

ORIGINES ET TRAITS DISTINCTIFS DE CE SYSTÈME

Le type de gouvernement populaire que nous allons décrire pourrait, par droit de pluralité, s'appeler le type américain. En effet, non seulement il apparaît presque exclusivement en Amérique, mais il est dans ce continent même le type politique dominant. Sa patrie d'origine fut ici la grande Union, dont la constitution était fondée au début sur des principes dualistes. De là, il s'est propagé successivement dans tous les grands États de l'Amérique à l'exception du Chili et du Venezuela. En Europe on ne l'a pris nulle part pour modèle, pas même en Suisse, bien que ce pays ait été chercher de l'autre côté de l'Atlantique un certain nombre de matériaux pour édifier sa constitution. La moitié de la constitution suisse rappelle celle des États Unis, mais l'autre moitié est indigène, d'où il résulte un ensemble très différent malgré des ressemblances extérieures.

En revanche, la Suède, comme nous le savons déjà, s'est fabriqué elle-même et sans rien prendre à l'étranger, une Constitution parlementaire à base dualiste. La Suède est seule en Europe à représenter ce type constitutionnel. Naturellement l'application qui en a été faite en Suède et en Amérique ne saurait être identique ; mais, malgré les différences de détail, le type général est le même. Cela peut paraître étrange à un non initié : on trouverait difficilement, semble-t-il, deux États plus différents que celui de la Suède et celui de la grande Union américaine. L'un est un État unitaire et l'autre un État fédératif ; le premier est une monarchie, le second une république. Mais ces divergences ne portent pas sur la Constitution même ; elles portent sur les espèces d'État et sur certaines parties extérieures de la Constitution et non sur son essence. Or c'est de la Constitution seule qu'il est question ici.

La première grande divergence que nous venons de signaler et qui est vraiment radicale, réside non pas dans le régime constitutionnel proprement dit, mais dans la forme externe de l'État. Les États peuvent en effet, comme on le sait, se partager, — entre autres classifications, — en États simples et États composés (États fédéraux et confédérations d'États). Cette différence réagit naturellement sur la Constitution, mais pas assez pour en déterminer le caractère. La Constitution se définit en effet comme la règle suivant laquelle se crée la volonté d'État. Or cette règle peut être la même dans des États d'espèce différente. Les modifications les plus remarquables qui, dans le cas considéré ici, dérivent de la différence d'espèce, portent sur la composition de la Chambre haute et sur l'étendue de l'action exercée par l'État. Le Sénat des États-Unis est élu par les divers États-membres et il était au début leur représentation exclusive. De plus, par suite de l'autonomie des États, l'Union dispose d'un domaine d'action très limité. Mais cela n'empêche pas la volonté de l'État de se créer au fond de la même façon en Suède et dans l'Union américaine.

D'ailleurs, s'il est bon d'avoir toujours présent à l'esprit que l'Union résulte d'un assemblage de 13 colonies indépendantes, il ne faudrait pas non plus exagérer l'importance de ce fait pour le régime actuel. A l'exception de la Suède-Norvège et de l'Autriche-Hongrie qui semblent prendre un chemin opposé, les États fédéraux de l'heure actuelle sont en voie de développement rapide vers l'État unitaire. Tel est le cas en particulier pour l'Amérique. Ainsi il n'existe en réalité aucune différence entre des États unitaires comme le Pérou et la Colombie et des États fédéraux tels que les États-Unis et le Mexique. L'autonomie provinciale peut être aussi grande dans les premiers que dans les seconds. Mais il faut noter avant tout que dans la plupart des cas les Etats particuliers ou « États-membres » ne sont pas autre chose que d'anciennes provinces comme dans l'Argentine et au Brésil, ou des États institués par l'Union comme aux États-Unis. C'est pourquoi la population de ces États fédéraux est une population unie à un degré aussi fort que dans aucun des vieux États centralisés.

Nulle part ne se manifestent avec plus d'intensité que dans les États-Unis le sentiment national et l'orgueil d'être avant tout un citoyen de l'Union. Et par suite, le Sénat représente désormais dans ce pays la nation entière, tout autant que la Chambre basse. On peut même dire qu'il n'existe guère d'assemblée de même sorte, où la marque provinciale originelle ait à ce point cédé devant l'esprit unitaire.

Les principales différences entre les deux Constitutions suédoise et américaine concernent le chef de l'État et la situation qu'il occupe. D'un côté, nous avons un président responsable et élu pour un temps ; de l'autre côté, un roi héréditaire et irresponsable. Cette divergence qui saute aux yeux de tous, doit être la raison pour laquelle on a si peu remarqué, ou pour mieux dire totalement méconnu la concordance qui existe malgré cela entre les deux constitutions. L'une a un extérieur modeste et démocratique, tandis que l'autre s'accompagne du prestige de la royauté, circonstance qui, jointe au principe électif, rend toutes différentes dans les deux pays la vie et les mœurs politiques. Mais ce sont là des caractères qui restent superficiels et influent relativement peu sur le régime lui-même. C'est seulement en ce qui concerne la responsabilité du chef d'État que l'inégalité des deux constitutions laisse après elle des traces profondes. Et pourtant, comme on va le voir, nous constatons ces traces plutôt dans l'anatomie de la Constitution que dans sa vie intime et dans son activité fonctionnelle.

Une autre différence, sensible à tous, entre la Constitution de la Suède et celle des États-Unis, résulte de leur origine et de leur histoire respectives. En Suède la Constitution provient directement, par une évolution lente et bien remplie, de la monarchie constitutionnelle; elle en sort il est vrai par réaction contre celle-ci et contre l'acte d'union et de sûreté de 1789, mais la transition se fait cependant sans secousse et une répartition bien comprise et sagement mesurée s'opère entre la puissance populaire et la puissance royale. En Amérique, au contraire, nous voyons apparaître brusquement, au milieu de luttes orageuses, une Constitution nouvelle qui est l'expression complète de la souveraineté populaire. Et pourtant cette Constitution elle-même est théoriquement et dans l'esprit de ses auteurs proche parente de la monarchie constitutionnelle. En effet, lorsque les colonies anglaises se réunirent en 1778 et en 1787 pour fonder un État et une Constitution, il n'y avait qu'un régime qu'elle connussent bien et qui pût être pour elles un objet d'imitation : c'était la monarchie constitutionnelle de l'Angleterre. Si étrange que cela puisse paraître, c'est bien en effet la Constitution anglaise que WASHINGTON, HAMILTON et tous les autres fondateurs de l'État américain se proposaient pour modèle. Mais ils l'ont imitée telle qu'elle se présentait immédiatement à leurs yeux et aussi telle qu'elle avait été exposée par BLACKSTONE et plus encore peut-être par MONTESQUIEU. On regardait encore en ce temps la royauté comme une puissance autonome dans l'État; et de même la Chambre des Lords apparaissait sur le même plan que la Chambre des Communes. On attribuait une pleine réalité à la trilogie posée par Blackstone et d'après laquelle *King, Commons and Lords* représentaient les trois grands facteurs du pouvoir de l'État anglais. Le Cabinet, qui n'est pas mentionné dans la *Common Law* et qui n'a aucune espèce d'existence officielle, demeurait complètement dans l'ombre.

Nous autres qui avons assisté à l'évolution ultérieure et que l'histoire contemporaine a éclairés sur le sens de l'histoire passée, nous savons fort bien que cet équilibre entre la puissance royale et le Parlement, entre la Chambre des Lords et la Chambre des Communes, était déjà une pure illusion à la fin du XVIIIe siècle. Mais les Américains de ce temps ne comprenaient pas la situation comme nous la comprenons. C'est pourquoi ils se mirent à imiter, avec les modifications nécessaires, cette Constitution anglaise théorique. A la place du monarque héréditaire on mit un président élu et responsable ; telle est, — avec le nouveau mode de composition du Sénat, — la grande innovation que nécessitaient les circonstances extérieures et le moment historique. Sans doute on ne donnait au président d'autre arme que le veto suspensif ; mais c'était là bien plutôt un retour aux principes de la monarchie constitutionnelle qu'une marche en sens contraire ; car le veto que possédait le monarque anglais avait déjà perdu en fait toute sa vertu, tandis que les conditions établies pour qu'une décision du Congrès eût force de loi contre le veto présidentiel rendaient celui-ci extrêmement efficace. De même on adopta le principe anglais d'après lequel toutes les questions budgétaires devaient être d'abord présentées à la Chambre basse et discutées par elle ; mais, il est vrai, le principe dominant de l'égalité des différents pouvoirs enleva à cette disposition tout effet politique. Car la théorie qu'on voulait appliquer avant tout dans cette constitution, c'est que les deux grands pouvoirs, président et Congrès, ainsi que les deux éléments dont se compose ce dernier, jouissent chacun dans son domaine d'une indépendance et d'une omnipotence parfaites. C'est la trinité *King*, *Commons and Lords*, telle qu'on la comprenait alors, qui fut transplantée sur le sol de la libre Amérique.

Ainsi donc les grandes différences extérieures signalées plus haut, non plus que les divergences de détail que l'on pourrait découvrir çà et là, n'empêchent pas la constitution de la jeune république américaine et celle de la vieille monarchie suédoise de se ramener, pour des raisons de similitude interne, à un seul et même type constitutionnel, savoir *le parlementarisme dualiste.* Et en effet, nous allons voir que les traits caractéristiques de ce type se retrouvent également dans les deux pays.

Rappelons d'abord que la question centrale, celle d'où dépend notre jugement sur le caractère essentiel d'une constitution, est la suivante : comment et par qui est créée la volonté de l'État? Dans toutes les constitutions parlementaires cette opération se fait par l'entremise d'organes politiques que le peuple nomme temporairement à cette fonction, ou qu'il a désignés une fois pour toutes. Mais ces organes immédiats, lesquels doivent déterminer à la fois formellement et réellement la volonté de l'État, peuvent être ou deux ou trois ou seulement un : de là des types différents de constitutions. Dans le parlementarisme anglais, le droit de décision est laissé sans partage au Parlement et au Cabinet considérés comme un organe unique. En effet, il ne peut jamais y avoir entre eux ni contradiction ni conflit; ils doivent toujours être d'accord l'un avec l'autre, et les troubles accidentels qui peuvent survenir entre eux sont immédiatement calmés par un changement de ministère ou par la dissolution du Parlement : nous pouvons donc les considérer en ce cas comme un seul organe d'État, quelle que soit la manière dont ils se répartissent les rôles. En Suisse, où l'on a déjà un collège gouvernemental fixe et une représentation, on a essayé aussi, par le referendum, de transformer le peuple lui-même en organe d'État avec droit de décision ; et dès lors la Suisse s'est trouvée munie de trois pouvoirs, bien qu'ils aient une valeur très inégale. Mais aux États-Unis et en Suède règne le parlementarisme dualiste, dans lequel le pouvoir de l'État est en principe et en fait partagé entre deux organes distincts, le chef d'État et la représentation populaire, et où tout a été disposé pour que d'une part les deux pouvoirs soient égaux en puissance et en influence, et que d'autre part cette répartition et cette égalité soient rigoureusement maintenues.

Comme c'est de là que dépend l'existence de ce type, ses traits caractéristiques dérivent de la manière dont la répartition a été faite et dont elle se maintient. Le partage s'est effectué de façon différente dans les deux pays. Aux États-Unis on a appliqué la division logique des fonctions de l'État en fonction exécutrice et fonction législative ; quant au pouvoir judiciaire, il demeure, ici comme partout aujourd'hui, en dehors de la vie politique proprement dite, malgré le rôle politique

que jouent les tribunaux aux États-Unis. Cependant on n'a pas observé à la lettre cette division classique, qui est d'ailleurs en elle-même impossible à réaliser. En Suède la division du pouvoir entre le Roi et le Riksdag a eu pour but de répartir les deux fonctions, exécutrice et législative, autant qu'il a été possible de le faire. Ainsi la Constitution a attribué à chacun des détenteurs du pouvoir son domaine spécial, soigneusement délimité, et dans lequel ils déterminent la volonté de l'État, tantôt indépendamment l'un de l'autre (comme c'est le cas le plus souvent aux États-Unis), tantôt en commun (cas fréquent en Suède) ; et on a pris soin, comme nous l'avons vu, d'assurer à tous deux une situation aussi égale que possible ou des pouvoirs égaux.

Mais ce partage du pouvoir entre les deux organes immédiats (chefs d'État et représentation du peuple) ne pourrait se maintenir longtemps s'il n'avait d'autre appui que des paragraphes de la Constitution. La puissance populaire, ayant pour elle le nombre et les ambitions qu'elle excite, ne tarderait guère à se soumettre l'autre pouvoir, si elle-même n'avait pas subi la loi du partage. Le partage de la représentation en deux Chambres parfaitement égales mais *composées de façon différente* est la seconde et peut-être la plus importante condition d'existence pour ce type constitutionnel. C'est en somme la base sur laquelle repose tout l'édifice. Le principe du partage, qui est le principe fondamental de ces constitutions, doit se poursuivre plus loin que les deux pouvoirs de l'État et s'appliquer aussi au plus important et au plus primitif des deux, qui est la représentation populaire. Deux Chambres, ou comme c'était le cas en Suède avant 1866, plusieurs Chambres à pouvoirs égaux : tel est le second trait capital par où ce type constitutionnel se distingue du type anglais, dans lequel au contraire le système à Chambre unique est aussi fondamental et aussi nécessaire.

Nous découvrons un troisième caractère distinctif dans la nature et la situation du ministère. Les ministres sont les hommes de confiance du chef d'État, et non de la représentation. Par suite, ils ne forment pas non plus un Cabinet au sens ordinaire de ce mot, et l'autorité ministérielle prend la forme d'une délégation du chef de l'État. Les ministres n'exercent en règle générale aucune influence sur la représentation et ils n'en dirigent pas les travaux. D'ordinaire ils ne sont pas admis non plus aux délibérations parlementaires. Les votes de confiance et les votes de blâme, ces événements journaliers du parlementarisme de majorité, n'appartiennent pas, comme on peut le comprendre, à ce système dualiste. Du reste, on constate à ce point de vue entre la version suédoise et la version américaine certaines dissemblances qui proviennent à leur tour de différences dans les attributions du chef de l'État. En Amérique celui-ci est responsable, et par suite les ministres ne le sont pas devant la représentation. En Suède, où le monarque est irresponsable, les «conseillers d'État» doivent répondre à sa place. Mais cette dissemblance ne détruit pas la concordance ni dans son ensemble ni en ce qui concerne les principales attributions du ministère en tant qu'organe de gouvernement.

Enfin nous pouvons signaler comme un élément caractéristique de ce type constitutionnel le grand développement du système des comités. En Suède le régime des comités se constitua pendant la période du despotisme parlementaire (1719-1772) et il a été organisé dans ses détails par la loi du Riksdag de 1810 ainsi que par la loi de 1866 actuellement en vigueur. Cette institution n'est même pas mentionnée dans la Constitution des États-Unis, mais elle s'est développée toute seule à partir du commencement du XIXe siècle, et elle a fini par prendre un développement extraordinaire. Institués tout d'abord pour préparer les affaires, les comités arrivent ensuite à dicter les décisions parlementaires et à s'attribuer le contrôle constitutionnel. Étant donnée la situation qu'occupe le Parlement dans ces sortes de constitutions, il est pour ainsi dire nécessaire qu'il s'organise pour l'exercice de ses importants pouvoirs. Cette organisation s'obtient par le moyen des comités et aussi, aux États-Unis, par l'institution du speaker, qui a pris une importance remarquable dans la Chambre des représentants.

Après cette caractéristique générale du parlementarisme dualiste nous allons maintenant l'examiner de plus près dans les deux constitutions où il se manifeste le mieux : celle des États-Unis et celle de la Suède.

II

ÉTATS-UNIS

Les États-Unis ressemblent aux États modernes en ce qu'ils possèdent une constitution écrite; mais ils en diffèrent en ce que cette constitution est demeurée presque sans changements depuis sa naissance, c'est-à-dire depuis 1787. Sur les quinze *amendements* qui sont venus s'y joindre, douze datent de l'époque immédiatement postérieure à l'établissement de l'Union et contiennent tous, — à l'exception d'un seul, — des prescriptions relatives aux libertés et aux droits généraux des citoyens et des différents États. Quant aux trois derniers, ils sont une conséquence de l'abolition de l'esclavage. Ainsi l'article XII, adopté en 1804 et traitant de l'élection du président et du vice-président, est le seul qui ait modifié une disposition antérieure. Cette stabilité dépend en partie du caractère même de la constitution américaine, constitution fédérative où le rôle de l'État se réduit à quelques attributions essentielles ; il faut y voir aussi une conséquence des termes très généraux dans lesquels sont conçues la plupart des clauses de la Constitution ; mais ce fait tient pour une part aussi grande aux difficultés qui ont été soulevées contre une modification de la Constitution, et au respect que celle-ci inspire, — en particulier pour cette dernière raison, — aux Américains eux-mêmes. Mais malgré l'immutabilité que nous venons de constater dans la constitution écrite, il ne faudrait pas cependant s'imaginer que tout soit resté en repos dans l'organisation politique de l'Union. Seulement les changements ne portent pas tant sur les institutions elles-mêmes que sur leur mode de fonctionnement et sur la vie politique. Ils se manifestent surtout dans les conditions sociales de cette vie politique, — je veux dire dans les *partis, leur formation et les buts qu'ils poursuivent.*

Le groupement des partis aux États-Unis rappelle extérieurement l'organisation célèbre des partis anglais. Nous trouvons en présence deux groupes de forces égales : les républicains et les démocrates, comme ils s'intitulent maintenant, après des échanges de noms ; nous les voyons rivaliser sur tous les points pour obtenir la prépondérance dans la vie publique et, à l'heure actuelle, lutter pour ce seul but. Tout se passe, semble-t-il, comme en Angleterre ; et pourtant on trouverait difficilement deux systèmes de partis aussi différents l'un de l'autre. Les partis aux États-Unis ont leur origine dans le conflit qui se produisit, au moment de la formation de l'Union, entre les États et la fédération. Les antifédéralistes voulaient avant tout conserver l'indépendance des États, tandis que les fédéralistes tenaient pour l'Union. A cette opposition politique vint se joindre bientôt un conflit d'intérêts entre le Sud esclavagiste, qui était partisan du libre-échange, et les États du Nord, qui interdisaient l'esclavage et désiraient une protection à leur industrie naissanté. Ces contrastes, qui devenaient menaçants pour la solidité de l'Union, furent cependant aplanis par les grands événements de 1861 et des années suivantes. Cette crise sauva l'Union américaine ; et l'on vit disparaître dans des flots de sang non seulement l'antifédéralisme ancien, mais encore les conflits économiques signalés plus haut. Sans doute les conflits économiques jouent toujours un certain rôle dans le groupement actuel des partis, mais leur importance est secondaire et il faut surtout y voir des enseignes électorales, des amorces pour prendre les masses. Les partis visent avant tout à conquérir la suprématie dans la vie politique, ou, pour parler d'une façon plus précise, dans la *vie électorale*.

Mais s'il en est ainsi, ne pouvons-nous pas mettre ces partis américains en parallèle avec les conservateurs et les libéraux anglais ? En aucune façon ; car ces derniers sont des partis de gouvernement, tandis que les autres ne le sont pas ; c'est seulement dans les communes, car leur influence pénètre jusque-là, que les partis américains ont ce caractère dirigeant, mais par ailleurs ils sont exclusivement des partis électoraux. Dans les États particuliers et plus encore dans l'Union, un gouvernement dirigé ou inspiré par un parti constitue, sinon une impossibilité du moins un fait très rare et avant tout une circonstance non prévue par la Constitution. Il en est ainsi d'abord parce que chacun des deux partis a souvent la majorité dans chacune des deux Chambres, ou encore parce que le gouverneur et le président sont d'un autre parti que la majorité de la Législation et du Congrès. Mais ce qui s'oppose en particulier à un gouvernement de parti sur le modèle de l'Angleterre, c'est cette répartition du pouvoir entre diverses mains, qui est l'alpha et l'oméga de la constitution américaine.

Pourtant les partis américains peuvent être appelés «constitutionnels» en ce sens qu'ils tirent leur existence de la Constitution et lui sont nécessaires. Car, sans compter que le principe de l'élection est appliqué à l'intérieur des différents États dans tous les domaines de la vie publique, la constitution fédérale invite tous les quatre ans à une élection présidentielle. Cette prescription est la cause permanente de l'organisation des partis. D'autres causes ont pu l'obscurcir pendant un temps, mais après que le développement politique des États-Unis les eut écartées, elle s'est manifestée avec une évidence d'autant plus grande. En effet, une organisation de ce genre n'est-elle pas nécessaire à l'élection d'un président ? La Constitution ne précise rien à ce sujet ; elle se contente de dire que le choix se fera par le suffrage indirect de la population des États. Au début on appliquait des procédés différents dans les différents États, tandis que la désignation du candidat partait de Washington et émanait des congressistes réunis dans cette ville. Mais dès 1812 New-York refusa de suivre l'indication venue de Washington, et on renonça à ce système de nomination du candidat pour le remplacer par le système actuel. En même temps on adopta généralement le règlement aujourd'hui consacré pour le choix des électeurs : savoir le scrutin de liste dans les divers États avec mandat impératif pour les élus, de sorte que ceux-ci votent religieusement pour le candidat mis en avant par la direction générale du parti. Mais cette organisation sans laquelle, étant données les prescriptions de la Constitution sur l'élection par le peuple entier, il serait actuellement presque impossible de désigner un président, exige un appareil considérable ; et cette machine électorale est allée se développant jusqu'à l'organisation actuelle qui, avec ses *bosses*, ses *conventions* et ses *committees*, commence à la plus petite commune pour s'étendre à l'Union tout entière, en passant par les États particuliers. C'est pour s'acquitter de l'élection présidentielle prescrite par la Constitution que les partis ont dû s'organiser comme ils l'ont fait. C'est là leur fonction, c'est là leur raison d'être tirée de la Constitution elle-même.

Mais, peut-on se demander, comment est-il possible qu'une fonction aussi purement constitutionnelle puisse aboutir à donner une si grande extension aux partis, et à les faire pénétrer aussi avant dans la vie du peuple américain? La fièvre intense qui saisit périodiquement la nation entière aux approches d'une élection à la Maison Blanche, et les efforts inouïs qui sont faits des deux parts en prévision de cet événement, montrent, plus clairement même que les statistiques électorales, à quelle profondeur les partis sont enracinés.

L'explication de ce fait se trouve dans les intérêts purement personnels, individuels, qui se rattachent aux élections. *The spoils belong to the victor*, le butin appartient au vainqueur : Ce mot du sénateur Marcy, le président Jackson en 1829 l'appliqua comme mot d'ordre pour l'exercice de la plus haute fonction que la Constitution accorde au peuple. *The spoils*, ce sont les emplois dont s'empare le parti victorieux, et avec eux l'administration des finances et de la justice, les impôts et les caisses.

Deux circonstances ont favorisé le développement de ce système : ce sont ce qu'on appelle

« *the rotation* » et le suffrage universel. Aucun article de la Constitution de l'Union ne prescrit que les fonctions doivent changer de titulaires avec l'élection d'un nouveau président ; et en fait jusqu'à l'époque de Jackson, il était d'usage que la plupart des fonctionnaires fussent maintenus à leur place, tandis que les présidents se succédaient. Mais ce démagogue, à la fois avocat et général, proclama le principe de la « rotation » comme un des fondements de la démocratie. De la Constitution unionnelle, ce principe s'étendit ensuite aux États et aux communes. Les fonctions doivent changer de titulaires, afin qu'un plus grand nombre soit appelé à jouir des avantages qu'elles comportent : c'est ainsi que l'on raisonne et que l'on agit dans cette démocratie moderne, tout comme on faisait il y a plus de deux mille ans dans la démocratie de l'ancienne Grèce. La conquête des places une fois devenue le but poursuivi par les partis et le lien qui assurait leur cohésion, l'extension du droit de vote leur donna les forces électorales qui leur étaient nécessaires. Ce fut à qui gagnerait les masses de son côté ; et c'est pour cela, et non point pour des raisons idéales, que le suffrage universel fut introduit dans la plupart des États au cours des années 1830-1850.

Les circonstances que nous venons d'exposer

ont amené les partis à descendre jusqu'aux couches profondes de la société et elles ont donné à la vie politique des États-Unis son caractère actuel. De nombreuses tentatives ont été faites pour obtenir une *Civil service reform*, notamment par le *Pendleton act* de 1883. Aucun obstacle constitutionnel ne s'oppose à ce qu'au moins tous les fonctionnaires de l'Union demeurent inamovibles comme ses juges, tant qu'ils seront capables de remplir dignement leur place ; mais les grandes troupes électorales levées par le suffrage universel et qui vivent en grande partie de ce système permettront difficilement qu'on y renonce. Et comme les règles constitutionnelles relatives à l'élection du président nécessitent une organisation électorale solide, il semble bien que le système actuel des partis, avec tous ses défauts, ait beaucoup de chances de durée. C'est lui pourtant qui déshonore la vie publique des États-Unis et donne à ceux-ci l'administration la plus détestable peut-être qu'il y ait actuellement dans aucune nation civilisée. C'est ce même système qui tranche si fortement avec les habitudes européennes, surtout avec nos habitudes suédoises, et qui suffit pour rejeter dans l'ombre les ressemblances de structure observées par ailleurs entre la Constitution des États-Unis et celle de la Suède.

Les institutions qui forment la charpente solide de la Constitution des États-Unis sont : le *président-chef d'État* et le *Congrès des deux Chambres.* Nous pouvons dans cet exposé laisser de côté les tribunaux de l'Union, qui jouent eux aussi un rôle politique dans la Constitution des États-Unis. Voici comment le pouvoir est partagé entre les deux grandes institutions.

Le président a pour sa part tout le pouvoir exécutif; une seule réserve y est apportée : c'est que la nomination des hauts fonctionnaires exige l'approbation du Sénat, de même que la conclusion de traités avec les puissances étrangères; ajoutons que la guerre doit être décidée par le Congrès tout entier. En outre, le président a le droit illimité de congédier tous les fonctionnaires excepté les juges, et il a la haute direction de l'armée et de la flotte. Il exerce ce pouvoir seul et sans partage avec ses ministres, lesquels sont les serviteurs et les agents du président, non du Congrès. Il écoute leurs conseils quand il le juge utile ; mais il prend seul l'initiative d'une décision parce qu'il est seul responsable des actes du gouvernement. A cela se bornent les attributions positives du chef de l'État américain. Il n'a donc aucune espèce d'initiative en matière de législation et d'impôts. Il peut, il est vrai, adresser des messages au Congrès et lui exposer sa manière de voir au sujet de telle ou telle question. Mais ces messages ne donnent lieu à aucune mesure spéciale de la part du Congrès ; celui-ci n'a même pas besoin d'en tenir compte. En revanche, le président possède une attribution négative de la plus grande importance dans le veto découvert ou muet qu'il peut opposer à toutes les décisions du Congrès, c'est-à-dire non seulement aux lois ordinaires mais encore aux décisions concernant les douanes et les impôts ainsi que toutes les dépenses budgétaires. Il est vrai que le veto ouvert n'est employé que rarement ; mais il n'en est pas de même du veto « muet », qui consiste à s'abstenir de sanctionner les décisions du Congrès pendant les dix derniers jours de sa réunion.

Ce même droit exclusif reconnu au président dans le domaine du pouvoir exécutif, le Congrès le possède en matière de législation et d'impôts. Et même, le droit attribué par ailleurs au chef d'État, c'est-à-dire au gouvernement, de promulguer des règlements pour l'application des lois générales, le Congrès l'exerce aussi en déterminant lui-même dans les moindres détails la manière dont ces lois devront être appliquées. Mais le Congrès ne peut exercer d'action directe sur le gouvernement ni intervenir dans la direction donnée par celui-ci aux affaires intérieures. Le président peut en pareille matière suivre une politique que le Congrès n'approuve pas. Le Congrès n'a pas non plus qualité pour imposer au gouvernement, par des adresses écrites, telle tâche à accomplir ou telles indications à suivre. C'est seulement dans les questions concernant les affaires étrangères ou la nomination des hauts fonctionnaires que le Congrès, par l'entremise du Sénat, a une influence directe sur le pouvoir exécutif. Naturellement il exerce en outre un contrôle scrupuleux sur les comptes et la gestion des finances ; mais il n'y a pas comme en Suède, d'examen du protocole par les Chambres. Enfin le Congrès a le pouvoir de rendre le président lui-même responsable, la Chambre des représentants portant l'accusation devant le Sénat pris pour juge : c'est d'ailleurs un pouvoir qui n'a d'importance que par les conséquences qu'il peut avoir dans les autres parties de la Constitution et notamment en ce qui concerne la situation du ministère. Pris en soi et considéré en tant que moyen juridique, on peut le comparer, comme dit très bien BRYCE[1], à un canon de cent tonnes qu'on n'emploie jamais parce qu'il est trop diffi-

1. JAMES BRYCE, *The american commonwealth*, I, 1888, p. 283.

cile à manier. La seule fois qu'on ait essayé de s'en servir, — contre le président Johnson en 1868, — il demeura sans effet, faute d'une majorité suffisante pour prononcer la condamnation.

Afin de remplir les fonctions que nous venons d'indiquer, les deux Chambres se sont organisées chacune pour soi en comités. Ajoutons que pour les questions très importantes il existe, comme en Angleterre, un *committee of the whole house*. Les comités sont en nombre considérable : il y en a actuellement cinquante et quelques dans la Maison des représentants, quarante et quelques dans le Sénat ; elles ont en fait accaparé la plus grande part de l'autorité et du pouvoir du Congrès. « Notre pays, dit M. Wilson, est gouverné par des rapporteurs de comités[1]. » Il est certain que le Congrès est complètement dirigé par eux. Dans la Maison des représentants, cette puissance est encore concentrée entre les mains du président ou « speaker », lequel désigne seul les comités avec leurs rapporteurs et dirige les travaux de la Chambre. C'est pourquoi les Américains disent souvent que le président de la Chambre des représentants est, après le président de la République, le plus puissant personnage de la

1. Woodrow Wilson, *Congressional Government*, p. 102.

nation. Il est toujours l'un des chefs de son parti et il agit exclusivement comme membre d'un parti, assurant par là à ses amis politiques le droit de décider de tout. Cependant, comme la majorité peut appartenir à un autre parti dans l'autre Chambre et que le pouvoir se trouve divisé, il n'y a pas en fait une majorité gouvernante. Il peut paraître étrange que la majorité puisse être différente dans les deux « maisons », alors que ce sont les mêmes électeurs qui nomment des représentants, directement dans un cas et indirectement dans l'autre. Mais cela s'explique par deux raisons : d'abord, les différents États envoient à la Chambre basse un nombre inégal de représentants, tandis qu'ils en envoient chacun deux à la Chambre haute ; il faut considérer de plus la durée inégale des périodes de législature pour chaque assemblée (respectivement deux et six ans).

En principe, il y a égalité entre les deux Chambres, bien que chacune ait ses prérogatives particulières : c'est au Sénat qu'il revient de limiter les pouvoirs du Président en matière de nominations et d'affaires étrangères, et c'est l'affaire de l'autre Chambre de poser les questions relatives aux impôts et aux crédits, ainsi que de préparer le budget. D'après nos idées européennes empruntées au parlementarisme anglais, cette dernière prérogative devrait assurer à la seconde Chambre une influence décisive dans le Congrès. Mais il n'en a pas été ainsi. Il n'existe pas de vote en commun, et par suite l'effectif inégal des deux Chambres (Sénat : 90 membres, Ch. des représ. 357) n'a aucune importance. Il n'existe pas davantage de comités communs; mais lorsque le Sénat, — comme c'est toujours le cas, — a apporté des modifications au budget venu de la Chambre basse, et que celle-ci les rejette, — comme cela se produit également toujours, — on institue une commission où entrent trois membres pris à chacune des deux assemblées. Cette commission élabore une convention, un compromis, qui est soumis ensuite aux deux Chambres pour être adopté ou rejeté en bloc. Est-il rejeté, suivant l'usage, on reforme une commission semblable ; mais alors les Chambres sont pour ainsi dire dans l'obligation de donner leur consentement, faute du temps nécessaire pour de plus longues discussions. Dans toute cette procédure c'est généralement l'avis du Sénat qui triomphe, et cela presque sans exception. Si l'on joint ce fait aux autres prérogatives du Sénat, on voit que le centre de gravité du pouvoir est nettement déplacé du côté de la Chambre la moins nombreuse. De plus, la composition très inférieure de la seconde Chambre, création directe du suffrage universel, a enlevé à celle-ci tout prestige dans l'opinion des hommes éclairés.

Les États-Unis sont totalement dépourvus de m i n i s t è r e, au sens que l'on donne à ce mot dans les régimes de majorité. Il y a un certain nombre de ministres (8 actuellement), mais pas de Cabinet et aucun chef de Cabinet. Les ministres sont des chefs d'administration, chacun dans son département, et ils exercent en cette qualité le pouvoir dont le président les investit ou qui leur est fixé par les règlements. Ce pouvoir est très étendu : il comprend le droit de nommer des fonctionnaires et de décider en toute initiative dans beaucoup de circonstances ; mais le tout avec l'assentiment du président et au fond sous sa responsabilité. Les ministres sont les conseillers et les serviteurs du président, il les prend ou les remercie à son gré, sans que le Sénat y intervienne comme il peut le faire pour la nomination aux autres fonctions supérieures (une seule exception à cette règle de la non-intervention du Sénat eut lieu sous la présidence si agitée de Johnson). Ainsi les ministres n'apportent aucune entrave à la liberté d'action du président; ils ne le couvrent pas non plus devant le Parlement : cette dernière éventualité est d'ailleurs impossible, attendu que les ministres ne font pas partie des Chambres, qu'ils n'y pénètrent pas, et qu'ils ne s'adressent même pas à elles par écrit, sauf lorsqu'il s'agit de rendre compte de leur gestion. C'est pourquoi ils ne sont pas non plus exposés à des interpellations ni à des votes de blâme. La seule communication qui ait lieu entre les ministres et le Congrès se produit dans les comités et pendant les conférences tenues entre les présidents des dits comités et les ministres. Mais si ces relations sont le moyen par lequel le gouvernement peut influer sur le Congrès, elles sont aussi le moyen par lequel le Congrès, ou plutôt les deux Chambres et les partis qui y règnent, cherchent à intervenir dans l'exercice du pouvoir exécutif. Les présidents de comités, surtout dans le Sénat, agissent souvent comme de véritables doublures des ministres, et réclament que leur avis et leurs désirs soient suivis, sans quoi on s'exposerait par exemple à des refus de crédits. Ainsi les affaires étrangères, en particulier, sont traitées tout autant par le président du comité compétent que par le secrétaire d'État ministre de l'extérieur.

Telle est dans ses grandes lignes la constitution américaine. Deux grands principes soutiennent tout l'édifice et président aux rapports mutuels de ses diverses parties. Ce sont : 1° la répartition du pouvoir entre des mains différentes ; 2° la limitation du pouvoir, en quelque main qu'il se trouve. Le mode de répartition correspond aux grandes fonctions de l'État : fonction exécutive et fonction législative (à laquelle il faut joindre celle de l'établissement des impôts). Le Chef de l'État et le Congrès remplissent chacun leur fonction, sans qu'il soit possible à l'un de prendre le rôle de l'autre. Mais comme l'omnipotence pourrait amener dans chaque domaine l'oppression et la partialité; les deux puissances ont reçu le droit de veto l'une contre l'autre : le Congrès peut s'en servir contre le président là où l'autonomie de celui-ci pourrait devenir dangereuse, et inversement le président peut opposer son veto à toutes les décisions du Congrès. En même temps le pouvoir a été réparti également dans l'intérieur du Congrès, de telle sorte que les deux Chambres exercent l'une sur l'autre un droit de limitation : et par là on empêche, sinon complètement, du moins en grande partie, que le Congrès, avec ce désir naturel à toute assemblée législative d'étendre son influence, n'usurpe les pouvoirs du président et du gouvernement. Enfin, — dernière sentinelle placée sur la frontière, — la Cour suprême est là pour s'opposer aux empiétements et aux illégalités communes du Président et du Congrès, au cas où par hasard ils appartiendraient à un seul et même parti et voudraient faire violence à la Constitution.

On ne peut refuser à ce système des qualités de clarté et de logique. Mais il est en contradiction si complète avec les idées européennes sur la démocratie et le parlementarisme, que la plupart de ceux qui en ont parlé dans ces derniers temps sont d'accord pour le déclarer mal venu. Et si le mécanisme de cette constitution était plus généralement connu, il serait sans aucun doute aussi défavorablement jugé par la grande masse des politiciens libéraux et radicaux. Remarquons en effet que ce parlementarisme américain ne se concilie pas avec la domination d'une majorité; bien mieux, il s'y oppose consciemment, délibérément. Le principe des majorités ne peut se faire jour que dans chacune des Chambres prise à part; et encore prend-on soin, dans les comités, de réserver au parti adverse la moitié des places moins une. Pourtant le principe des majorités domine les élections américaines. Le président lui-même est ainsi un homme de parti, qui doit agir comme tel lorsqu'il attribue des fonctions publiques. Mais on peut dire que cet usage est plutôt contraire à l'esprit de la Constitution. En tous cas, le président est lié dans la distribution des places par le consentement du Sénat. Et du reste le gouvernement du pays n'appartient pas à une majorité : au contraire, on en a banni autant que possible toute tyrannie de parti.

C'est là un fait qu'il est bon de méditer, surtout dans nos pays. Une démocratie peut exister sans une majorité tyrannique, sans le gouvernement du plus grand nombre. En outre, le pouvoir peut être réparti sans qu'il en résulte des conflits insolubles. Mais c'est là une chose difficile à comprendre pour des Européens hantés par l'idée de majorité. Ainsi M. Boutmy, enthousiasmé par les « dons de prudence, de mesure, d'esprit politique » pour ainsi dire « fixés dans le sang » des Anglo-Saxons, déclare que ces qualités seules expliquent la possibilité pratique du système américain[1]. Mais ne décernons pas aux Yankees plus d'éloges qu'ils n'en méritent. C'est la structure même de leur constitution qui appelle cette modération tant vantée et qui s'oppose aux longs conflits. Leur système invite les différents pouvoirs

1. *Études de droit constitutionnel*, pp. 143 et suiv., 162.

à des compromis obtenus par de mutuelles concessions et oblige ainsi à la modération et à l'entente. En effet, les conflits ne deviennent longs et pénibles que quand une des parties se croit en état de faire fléchir l'autre par la force. Mais quand les principes mêmes de la Constitution s'opposent à de pareilles violences, alors les deux parties sont bien obligées de se mettre d'accord en abandonnant chacune une part de ses prétentions. Voilà le secret de la constitution des États-Unis ; voilà les moyens qui permettent à la fois d'apaiser les discordes et d'assurer la liberté.

Cela ne veut pas dire que des défauts de toute sorte ne se trouvent pas dans la constitution américaine. La manière dont le partage des pouvoirs a été opéré et maintenu, empêche une collaboration souvent nécessaire entre les deux copartageants ; elle affaiblit le sentiment de la responsabilité et fait éclater des conflits qui auraient pu être évités par un contact plus fréquent et plus intime. D'autre part, il ne faudrait pas mettre à la charge de la Constitution tous les défauts et tous les abus qui font tache dans la vie publique des États-Unis. Sans doute les prescriptions relatives à l'élection présidentielle, jointes à l'amovibilité des fonctionnaires, sont les causes indirectes du système de la « rotation » avec tout son cortège de maux. Mais la « rotation », ainsi que le champ très vaste accordé dans le Congrès aux intérêts individuels, et le flot de pensions militaires qui récompensent le zèle des partisans (ces pensions s'élevaient en 1902 à un total de 138 millions de dollars), tout cela est une conséquence des mœurs et de la morale politique, et non de la Constitution.

III

SUÈDE

Nous connaissons déjà la Constitution suédoise dans son contenu littéral et à l'état de repos ; il nous reste à voir comment elle fonctionne et quelle est la vie politique qui s'est développée dans ses limites. Il n'est pas rare que cet élément vivant s'éloigne du texte de la loi. C'est aussi ce qui s'est passé en Suède. La Constitution de 1809, notre texte fondamental, demeure, malgré la réforme parlementaire de 1866 et malgré d'autres innovations indiquées plus haut, à peu près intacte non seulement dans son esprit et dans son essence mais encore dans ses paragraphes. Les institutions qui règlent la vie de l'État sont les mêmes, ainsi que leurs relations mutuelles au point de vue juridique. Ce qui a changé, ce sont les relations réelles entre les deux pouvoirs qui dominent la Constitution suédoise, le Roi et le Riksdag. Et ce changement de fait, qui se poursuit encore, arrivera sans aucun doute à réagir sur la loi elle-même et, — s'il ne subit pas d'arrêt, — à bouleverser finalement le régime tout entier. Cette constatation est par elle-même inquiétante et donne lieu à des réflexions diverses. Mais ce qu'il y a de plus inquiétant peut-être, c'est que tout ce revirement se produit sans que nous en ayons conscience. Mais je ne veux pas anticiper sur l'exposé qui va suivre, et je répondrai d'abord à la première question que l'on doit se poser quand on examine le parlementarisme moderne : Quelle est la base sociale de la vie politique, autrement dit, comment s'organisent *les partis* et quel rôle jouent-ils ?

La Suède, comme nous l'avons vu, a possédé autrefois un vaste système de partis Ce qu'il y avait de caractéristique pour ces partis du XVIIIe siècle, c'est avant tout qu'ils étaient politiques et représentaient des opinions ; ils luttaient pour le pouvoir et l'exerçaient à tour de rôle. Naturellement les questions personnelles intervenaient aussi dans la constitution de ces partis, et il s'y joignit même, surtout dans la dernière période, des questions sociales. Mais il n'en était pas ainsi à l'origine : cela est d'autant plus remarquable que la société par ailleurs était dominée par le régime des classes ou « états » et cela nous prouve aussi que des facteurs tout différents des intérêts économiques et des distinctions sociales intervenaient dans l'organisation des partis. Mais si la véritable opposition entre les partis était de nature politique, et s'il est vrai que ceux-ci étaient des partis de gouvernement, réduits au nombre de deux, comment se fait-il que ce gouvernement de partis n'ait pas évolué vers un parlementarisme de majorité analogue à celui de l'Angleterre ? En faisant valoir que le coup d'État de Gustave III en 1772 vint interrompre cette évolution, on ne donne qu'une réponse incomplète à notre question; car la seule raison qui rendit possible ce coup d'État libérateur, c'est précisément que le gouvernement de parti n'était pas mûr pour son rôle et s'était montré incapable de diriger le pays.

Les raisons de cet échec complet, — celles qui satisfont à la question posée plus haut, — sont les unes extérieures, les autres intérieures et inhérentes à la Constitution. Les causes intérieures, c'est d'abord que le Conseil, affaibli par le régime despotique précédent, n'avait plus la force gouvernementale nécessaire et devint le jouet des états qui se l'asservirent ; c'est ensuite le système des comités qui s'emparèrent complètement du gouvernement. Ces deux circonstances réunies firent que la Suède, au lieu d'un gouvernement de Cabinet soutenu par une majorité parlementaire, eut un Parlement gouvernant, ce qui est le pire de tous les gouvernements, — à la fois tyrannique et faible, tyrannique au dedans et faible au dehors. Quant aux causes extérieures de la chute de ce régime, il faut les chercher dans le voisinage dangereux que formaient pour la Suède, le Danemark et la Prusse d'un côté, et la Russie de l'autre. Une pareille situation exigeait une fermeté et une unité de gouvernement que seul un monarque pouvait assurer à notre pays. Telles sont les circonstances intérieures et extérieures qui étouffèrent ces germes de parlementarisme ministériel que contenait en elle l'organisation des partis suédois.

Après 1809 et jusqu'en 1866, on ne vit apparaître aucun parti politique digne d'intérêt. En effet, les divers états, bien que constituant des groupements d'intérêts, ne formaient pas chacun pour soi un parti; et l'opposition que rencontrait le roi aux séances du Riksdag était, avant tout, l'expression de la défiance exercée par l'un des deux pouvoirs sur l'autre, — chose qui dérive de la Constitution elle-même, mais qui ne saurait servir de point de départ à une organisation de partis. Le seul véritable antagonisme de partis qu'il soit possible de mentionner pendant cette période, c'est l'antagonisme général entre les libéraux et les conservateurs. Après 1866, cette opposition poursuit son développement, et s'il fallait la retrouver à l'heure actuelle, ce serait entre ce qu'on appelle le « parti de concentration » (*samlingspartiet*), — si vraiment ce groupe peut passer pour l'héritier de l'ancien parti libéral, — et d'autre part la première Chambre et les éléments dont elle est composée. Les deux partis, libéral et conservateur, ne sont pas fondés sur des intérêts, bien que certains de leurs membres puissent songer principalement à leurs avantages personnels, ce qui se produit partout où il y a des partis. Ce ne sont pas non plus à l'origine des partis sociaux, car ils appartiennent tous les deux aux mêmes classes de la société. Mais par suite de leurs relations avec d'autres partis, ils ont peu à peu emprunté à ceux-ci quelque chose de leur caractère. Ainsi les libéraux, renonçant à leur indépendance, se sont joints comme avant-garde ou comme arrière-garde, — suivant qu'on envisage les choses, — au parti agrarien d'abord et maintenant au parti ouvrier. Cette attitude a eu nécessairement son contre-coup sur celle du parti conservateur, qui a pris lui aussi une certaine nuance sociale et représente aujourd'hui de préférence les intérêts des hautes classes. Mais, malgré tout, ils ont conservé tous les deux en majeure partie leur caractère primitif, qui était d'être des partis d'opinions[1].

Il en va autrement des deux autres partis qui sont nés après 1866, ou du moins qui n'ont pris d'influence qu'après cette date, et qui ont fini par déborder complètement les deux autres ; ce sont le parti des paysans ou parti agrarien (*landtmannapartiet*) et le parti ouvrier. Quant aux partis qui se sont constitués sur une question unique, qu'il s'agisse de la politique commerciale, de la tempérance ou des églises indépendantes, nous pouvons les laisser de côté : quelle que soit l'agitation qu'ils aient pu produire, ils sont par leur nature même des partis de circonstance, recrutés dans toutes les classes et sans importance pour l'ensemble de la vie politique. En revanche, le parti agrarien, qui est l'ancienne classe des

1. Pour juger le parti conservateur suédois, il suffit de se rappeler qu'en 1901, répondant à l'appel qui lui était fait, il a accepté sans murmures un impôt sur le revenu dont voici les conditions les plus importantes : Cet impôt laisse de côté les petits revenus inférieurs à 1 000 couronnes (1 380 francs), il reste dégressif jusqu'à un revenu de 4 000-6 000 couronnes, et il est alors de 1 % ; après quoi il devient progressif et va de 1 % à 4 % depuis un revenu de 8 000 couronnes et au-dessus. L'impôt sur le revenu s'applique aussi bien aux compagnies par actions qu'aux particuliers.

paysans et qui s'est renforcé de quelques partisans pris parmi les propriétaires fonciers, a vraiment dominé pendant une période la vie politique, bien que naturellement il n'ait pas gouverné. Or ce parti est, ou plutôt était, — car il donne tous les signes d'une désagrégation complète depuis que l'impôt foncier et d'autres questions intéressant les campagnes ne sont plus là pour le cimenter, — ce parti était, dis-je, purement et simplement un parti d'intérêts et de classe, mais d'ailleurs un parti fort raisonnable. On ne peut pas adresser le même éloge au parti ouvrier qui est maintenant en marche et qu'on a appelé « le cinquième état ». Il est, bien plus exclusivement et bien plus étroitement que le « landtmannapartiet » le représentant de certains intérêts et d'une certaine classe. On n'a jamais vu en Suède un parti social aussi excessif, bien que, d'autre part, la justice nous commande de ne pas le juger d'après sa fraction la plus avancée et la plus bruyante, les « social-démocrates ».

On comprend qu'envisagés au point de vue constitutionnel, les partis suédois ne soient pas qualifiés pour être des partis de gouvernement. Sans doute conservateurs et libéraux ne sont pas arrivés à un grand développement en tant que partis de classes et d'intérêts ; mais ils le sont pourtant dans une certaine mesure, et d'ailleurs ils sont beaucoup trop faibles. Quant aux autres partis, ils sont par leur essence même impropres au rôle gouvernemental. En effet, là où les partis gouvernent, là où ce système fonctionne à l'avantage du pays, il faut que les partis, si divisés qu'ils puissent être quant à la solution de certaines questions spéciales, ne cessent pas cependant de représenter tout le pays avec tous ses intérêts et ses classes, et non des classes et des intérêts particuliers. Ainsi manque à la Suède la première condition d'un gouvernement parlementaire de style anglais, à savoir des partis luttant pour le pouvoir sans représenter les intérêts d'une catégorie sociale.

Ajoutez à cela que d'autres circonstances donnent aux partis suédois une situation toute particulière. D'abord, notre constitution est tout aussi peu que l'américaine disposée pour un gouvernement de parti. Le partage du pouvoir entre différentes mains, qui est le fondement de la Constitution, ne saurait se concilier avec un gouvernement majoritaire exercé par un parti. Il s'ensuit que la constitution suédoise ne réclame nullement l'existence de partis organisés (nous parlerons plus loin de leur importance pour la solution des questions soumises aux Chambres). En Angleterre et dans d'autres États de gouvernement majoritaire les partis sont un élément de la Constitution et par suite ils sont nécessaires; mais ils sont superflus dans les pays où règne le parlementarisme dualiste. Si le système des partis aux États-Unis a un rôle constitutionnel à remplir, ceci tient uniquement à la disposition constitutionnelle qui veut que le chef de l'État soit élu par le peuple. Mais en Suède, où ne se présente aucune tâche de ce genre, le système des partis n'a aucune raison d'être au point de vue de la Constitution.

Ce fait capital, dont on doit tenir compte lorsqu'on juge l'organisation des partis suédois, a été aussi négligé qu'une foule d'autres traits caractéristiques de notre constitution. On aperçoit très bien la place importante que tiennent les partis dans l'économie de l'État anglais ainsi que dans beaucoup d'autres États, et l'on se figure aussitôt que le cas doit être le même chez nous. Mais tout aussi sûrement que l'État anglais subirait bientôt les changements les plus profonds si les partis venaient tout à coup à lui faire défaut, un pareil événement survenant en Suède ne laisserait pas de traces sensibles dans le cours de la vie politique ni dans le domaine de la Constitution. Et la cause de ce fait est celle que nous venons de dire et qui réside dans le régime lui-même. Le seul rôle public qui revienne aux partis en Suède et dans le Parlement suédois, c'est de représenter les grands intérêts du pays et de plaider leur cause. Dans les anciens temps la représentation n'avait pas d'autre but que d'exposer les différents besoins de la société d'alors. De nos jours elle est devenue avant tout un organe de gouvernement, le second pouvoir suivant le droit public suédois. Mais sa fonction primitive, bien que reléguée au second plan, n'a pas disparu complètement; et c'est précisément cette fonction d'interprète qui peut encore donner aux partis suédois une certaine importance générale. Il y a en effet un danger à ce que les principaux besoins sociaux ne soient pas suffisamment pris en considération. Mais autre chose est de prendre la parole au nom des intérêts qu'on représente, autre chose est de les amener au pouvoir et de dominer avec eux. Or cette ambition, qui est celle de tous les partis d'intérêts et de classes, contient évidemment un grand péril. Si les partis suédois arrivent à la réaliser, leur utilité publique, — d'ailleurs assez restreinte, — descendra par là-même au-dessous de zéro et par contre ils seront un grand mal pour la nation.

Aux traits généraux que nous venons de signaler se rattachent toutes les autres particularités des grands partis suédois. Le but de leurs efforts n'est pas d'arriver au gouvernement comme en Angleterre ni de s'emparer des fonctions publiques comme aux États-Unis, mais simplement de réaliser leurs desiderata économiques et sociaux, lesquels sont en dehors du domaine constitutionnel. Ainsi donc leur groupement est déterminé exclusivement par ces desiderata et leur force de cohésion est proportionnelle à celle de leur programme. Si celui-ci a reçu satisfaction, comme c'est maintenant le cas pour le parti agrarien, le lien se dissout et le parti s'en va à vau-l'eau. Une autre conséquence du caractère social de nos partis, c'est que le Riksdag ou plus spécialement la seconde Chambre se trouve occupée par les éléments sociaux qui luttent avec le plus d'énergie pour la réalisation de leurs vœux. Ainsi, lorsque eut lieu la réforme de la représentation, en 1866, la seconde Chambre fut peuplée en grande partie par des paysans ; et il semble bien que le suffrage universel doive y amener en grand nombre des ouvriers ou leurs hommes de confiance. Ce n'est donc pas comme en Angleterre, où les réformes électorales de 1867 et de 1884 n'ont modifié en aucune façon la composition de la Chambre des Communes. D'ailleurs, ce résultat différent tient aussi à deux circonstances particulières à la Suède : c'est que les membres de la seconde Chambre reçoivent une indemnité et ensuite que les élections ne sont pas influencées par les classes riches et ne coûtent rien. En Angleterre et aux États-Unis les élections sont dirigées en fait par les représentants du capital et il en résulte que les élus appartiennent exclusivement aux classes supérieures. Les choses ne se passent pas de même en Suède, où la seconde Chambre donne au contraire une image fidèle de la société suédoise, du moins autant que le permet le droit de suffrage et aussi la représentation majoritaire.

C'est avec l'aide des indications précédentes qu'il convient de juger la question maintenant si débattue en Suède de la représentation proportionnelle. Dans un pays comme l'Angleterre, avec ses partis de gouvernement et son parlementarisme unitaire, ce mode de représentation est tout à fait incompatible avec la Constitution, comme on l'a vu précédemment. Mais en Suède, où les partis sont avant tout des partis d'intérêts et de classes, et où règne un parlementarisme dualiste dans lequel les partis sont chose inutile ou du moins indifférente au point de vue constitutionnel, rien ne s'oppose au vote proportionnel, au cas où celui-ci serait jugé utile. Or, son utilité paraît en train de se manifester dans notre pays, par suite des modifications qu'on a fait subir au type constitutionnel primitif en étendant l'usage du vote par les deux Chambres simultanément : ainsi s'est trouvé menacé en fait le principe ancien de l'égalité des deux assemblées, principe qui avait son fondement intime dans la Constitution. Ce qu'on attend de la représentation proportionnelle, c'est qu'elle empêche un parti, — en l'espèce le parti ouvrier, — d'établir sa domination dans la seconde Chambre et, grâce au vote en commun, dans le Riksdag tout entier. Pour ces raisons à la fois parlementaires et politiques, le système du vote proportionnel est plus à sa place dans une réforme électorale en Suède que dans tout autre pays, à moins toutefois qu'on ne préfère modifier les conditions du vote commun ou bien le limiter, ce qui serait plus conforme à l'esprit de la Constitution[1].

1. Du reste, en ce qui concerne la représentation proportionnelle, on a craint que si on l'introduisait dans les élections à la seconde Chambre, elle n'eût pour conséquence une nouvelle « ère de la liberté » et ne laissât le champ libre à la domination des partis. Ces craintes me paraissent mal fondées. L'organisation que le nouveau système exige des partis a pour objectif unique les élections. Grâce à lui, les électeurs qui ont déjà pris position dans un parti peuvent s'unir pour le vote dans une action commune. Et c'est tout. Ce système ne crée pas les partis, car ceux-ci ne doivent

Mais laissons cette question pour examiner de plus près le fonctionnement de la Constitution et le parlementarisme qui a germé sur elle. Nous avons tout d'abord à nous demander comment se sont développées les relations entre les deux pouvoirs, Roi et Riksdag.

Lorsque les hommes de 1809 s'apprêtèrent à donner au pays une Constitution nouvelle, ils avaient encore présents à l'esprit les souvenirs de deux régimes entièrement opposés : d'une part la domination parlementaire exercée pendant « l'ère de la liberté », et d'autre part la royauté de 1789 où l'on retrouvait quelque chose de l'absolutisme royal tel qu'il florissait un siècle auparavant. A l'extérieur, ces deux régimes avaient mis le pays à deux doigts de sa perte, et à l'intérieur tous les deux avaient établi la tyrannie. Il s'agissait de tirer parti de ces expériences diverses et de trouver une Constitution qui empêchât tout empiétement de la part des deux pouvoirs

leur existence qu'à des divergences d'intérêts et d'opinions, et non pas à un système de vote. Mais ce qu'il y a de plus important, c'est que cette méthode ne favorise pas la naissance de partis gouvernants, comme peut le faire le vote majoritaire. Or c'est là précisément ce qui donne surtout à la vie des partis ses passions et sa violence exaspérée. Tout considéré, le vote proportionnel me semble appelé à produire un résultat opposé à celui que l'on redoute et mît fin pour toujours à l'absolutisme soit du Roi soit du Riksdag. On y parvint en partageant entre eux, en deux portions aussi égales que possible, la puissance de l'État dont chacun d'eux avait abusé lorsqu'il l'avait détenue à lui tout seul. On n'adopta pas pour cette répartition le même principe que les hommes d'État avaient suivi de l'autre côté de l'Atlantique lorsqu'ils divisaient le pouvoir d'après les fonctions de l'État : fonction exécutive et législative, y compris la fonction fiscale. Au lieu de cela on s'efforça de répartir entre chaque main chacune de ces diverses fonctions, mais en prenant garde que chacun des deux pouvoirs eût sa tâche principale, le Roi étant chargé de gouverner le pays, le Riksdag de lui en donner les moyens tout en le surveillant et de déterminer avec lui les principes à suivre pour ce gouvernement.

L'idée très nette que les auteurs eux-mêmes de la Constitution se formaient du partage des rôles ressort parfaitement des termes par lesquels ils caractérisent, d'accord avec la théorie de Montesquieu, les détenteurs du pouvoir : « La commission, disent-ils, a cherché à fonder un pouvoir exécutif agissant selon certaines formes déterminées, avec unité de décision et puissance entière pour l'exécution ; un pouvoir législatif, lent et faible pour l'action mais ferme et bien armé pour la résistance. » On se représentait le gouvernement comme la force d'impulsion dans la vie politique suédoise et le Riksdag comme un élément plutôt passif. Or c'est l'inverse qui s'est produit, en même temps que se produisait un important déplacement de puissance de l'une à l'autre des deux personnes actives de ce duo politique, le Roi et le Riksdag.

Nous constatons d'abord un semblable transfert en ce qui concerne *les finances et l'économie publique* et par suite la *liberté d'action du gouvernement.* Ce fait s'explique avant tout par la modification intervenue dans le rapport entre les revenus ordinaires, dépendant en partie du roi, et les impôts (*bevillningar*), fixés par le Riksdag tout seul. Alors que les premiers constituaient en 1809, y compris les prestations en nature, la grande masse des revenus de l'État, ne laissant aux seconds qu'une place restreinte, l'accroissement de la population et de la fortune, joint à la réduction des anciennes charges foncières, ont amené peu à peu les choses à ce point que les revenus ordinaires comparés aux impôts ne représentent pas plus de la septième partie du budget total[1].

1. Pour l'année 1904, on évalue en chiffres ronds les revenus « ordinaires » à 28, 7 millions de couronnes et le produit des « bevillningar » à 137 millions.

Mais d'autres circonstances ont eu une importance encore plus grande pour l'extension de la puissance parlementaire : je veux dire la spécialisation des dépenses et la limitation du droit laissé au roi de disposer des économies budgétaires. Les paragraphes 62 et 64 de la Constitution décident que le Riksdag règlera l'emploi de certaines sommes affectées à des buts déterminés dans les divers chapitres du budget. Ces paragraphes ne visaient originairement que les revenus fixés par le Riksdag (*bevillningar*) ; ils ne s'appliquaient non plus, dans la pensée des législateurs, qu'aux sommes totales des huit chapitres principaux dont se composait le budget de l'État. Si cette dernière conception avait prévalu, le roi aurait eu pleine liberté pour donner aux sommes laissées à sa disposition l'emploi qu'il aurait jugé le meilleur. C'est ce que fit aussi tout au début le roi Charles-Jean XIV. Mais grâce au droit de contrôle du comité du budget et grâce aux réviseurs du Riksdag, il s'est opéré ensuite, et surtout depuis que les Riksdags devinrent annuels, une spécialisation de plus en plus grande des crédits suivant les divers chapitres du budget ; ce fait, joint au règlement de 1841 sur le droit royal de disposer des économies, a enlevé au roi sa liberté d'action en tout ce qui concerne les dépenses publiques. Or, comme toutes ou à peu près toutes les affaires de l'État exigent de l'argent, le Riksdag ou plutôt le comité du budget peut intervenir dans tous les domaines de l'exécutif. Le comité du budget, qui est le plus important du Riksdag, ou plus exactement les huit membres (quatre pour chaque Chambre) qui président à ses travaux peuvent en fait être considérés comme formant à côté du gouvernement proprement dit un autre gouvernement, celui-là invisible et irresponsable. Nous retrouvons là comme un retour à l'hégémonie parlementaire du XVIIIe siècle. Il faut beaucoup de prudence et de tact politique pour que cette situation ne donne pas lieu à des incidents capables d'ébranler la Constitution.

La seconde mutation de pouvoirs qui s'est produite porte sur *l'initiative en matière législative* et *le travail de réformes qui s'y rattache*. Le pouvoir croissant du Riksdag en cette matière tient tout d'adord à ce qu'il a son origine dans le peuple, à ce qu'il représente la nation aux mille volontés et à ce que chaque représentant a une tendance naturelle à se faire l'écho des désirs et des réclamations populaires. Mais, en outre, nous voyons là une conséquence du droit illimité de motion et du trop d'empressement du Riksdag à transformer ces motions en adresses au roi. Tant que les Riksdags n'étaient pas annuels, l'initiative des états n'était pas prédominante ; elle s'est développée avec l'abrégement des périodes législatives, en 1845 et en 1866. A partir de cette dernière date, le second pouvoir de l'État a complètement débordé le premier en matière d'initiative tout de même qu'en matière budgétaire. Il est vrai que le gouvernement maintient son initiative en ce qui concerne les crédits nouveaux pour des institutions déjà existantes ; et même il semble que, de plus en plus, le Riksdag lui reconnaisse dans ce domaine une autorité exclusive. Mais pour les questions de législation et pour les nouveaux règlements de toute espèce, — qu'ils nécessitent ou non des crédits, — le Riksdag a depuis longtemps distancé le gouvernement. La masse des projets de ce genre, provenant du Parlement, donnent tant de travail au gouvernement, que celui-ci trouve difficilement le temps de se livrer lui-même et d'une façon indépendante à une semblable tâche. Il ne peut même pas, avec les forces qu'il a à sa disposition, venir à bout de la tâche que lui impose le Riksdag. Pour cette raison, ainsi que pour d'autres, le gouvernement se décharge d'une partie de son travail sur des commissions instituées à cette fin.

Les commissions, où entrent surtout des parlementaires des deux Chambres et de nuance diverse, mais où entrent aussi quelques hommes de compétence spéciale, ont été élevées pour ainsi dire à la hauteur d'un système de gouvernement. Cette institution forme comme un dérivatif nécessaire à tout ce grand zèle de réformes qui, sans cela, submergerait à la fois gouvernement et Parlement. Mais il est évident que le gouvernement se retire de plus en plus devant cette activité et ne prend d'initiative que dans les grandes questions. Le résultat de tout ceci doit donc être, sinon une modification du rapport juridique entre les deux pouvoirs, du moins une interversion réelle des rôles. Le Riksdag est devenu la force motrice de la vie politique, prenant ainsi la place et le rôle du gouvernement[1].

1. Voici, comme illustration de ce qui vient d'être dit, quelques données statistiques sur le travail accompli dans la session parlementaire de 1903.

Propositions royales :

Plus ou moins indépendantes	85
Amenées directement par des adresses parlementaires antérieures	16
Total	101

Ainsi les dispositions constitutionnelles ont souvent de graves conséquences qui vont au-delà ou à côté du but poursuivi par leurs auteurs.

Si le Riksdag a vu grandir de la sorte son influence dans les domaines où le roi et lui ont des attributions égales, il est évident que sa

Classons maintenant les propositions « indépendantes » suivant leur objet :

a) Questions privées (ventes de terres domaniales, pensions, etc.), ou revenant périodiquement (le budget, etc). 59

b) Questions accidentelles et autres affaires de moindre importance.. 8

c) Lois et ordonnances générales............ 18

Sur la totalité des propositions, furent approuvées, avec ou sans modifications (notamment dans le projet du budget).. 92

Sur les 18 propositions de la catégorie *c* (lois générales, etc.), qui peuvent être regardées comme la part propre du gouvernement dans le travail législatif, 14 furent approuvées.

Dans le même temps furent présentées 265 *motions*, dont 90 étaient amenées par d'autres motions ou par des propositions royales soumises au cours du même Riksdag (amendements).

Sur ces 265 motions, 169 furent repoussées et 4 retirées; le nombre des motions acceptées s'élevait donc à 92, c'est-à-dire au même chiffre que celui des propositions royales.

Naturellement, un calcul de ce genre ne donne aucune idée de l'importance et de la valeur de l'initiative comparée des deux pouvoirs, mais il est clair, du moins, que sur ce point le Riksdag ne le cède en rien au gouvernement. En effet, la plupart des grandes questions dont la dernière génération a vu la solution, ont été soulevées sur l'initiative du Riksdag, par l'entremise de motionnaires individuels.

puissance s'est accrue davantage encore sur d'autres points où la Constitution lui reconnaissait le droit de décision. Dans un seul cas, savoir en ce qui concerne la Banque du royaume, nous avons vu se produire une évolution en sens opposé, lorsque la réforme de 1897 attribua au roi le droit de désigner un président pour la dite Banque, et confia au roi et au Riksdag réunis la législation de cette institution financière. Mais pour ce qui est de la *législation des impôts et des subsides*, ce qui constitue l'autre grand domaine soumis à l'autorité prépondérante du Riksdag, celui-ci est devenu de plus en plus le seul maître. Il l'est devenu principalement en matière de législation douanière. Autrefois en effet le roi, en vertu du § 60 de la Constitution, non seulement fixait les droits de douanes sur les céréales, mais encore pouvait abaisser les droits de douanes d'une façon générale, en tenant compte du moment et des circonstances. La dernière fois qu'il exerça ce droit dans toute son ampleur, ce fut lors de la conclusion des traités de commerce avec la France en 1865. Après cette époque, le droit en question, qui, lorsqu'il s'applique à d'autres objets que les céréales, ne s'appuie pas sur un texte positif mais sur l'interprétation d'un texte, sortit peu à peu de l'usage, et depuis la grande controverse douanière qui marqua la fin de la période décennale 1880-1890, et où le gouvernement subit un échec, il semble bien qu'il considère desormais la politique douanière comme une chose qui ne le regarde pas. Ainsi dans ces matières qui touchent pourtant aux relations avec l'étranger, ainsi que d'une façon générale en matière d'impositions, le Parlement suédois dispose d'une puissance plus grande qu'aucune des assemblées représentatives du monde entier sans même en excepter celle de la Norvège et celle de la Suisse. Car en Norvège le Storting doit malgré tout tenir compte dans ces questions de la réponse donnée par le ministère, sans quoi il s'expose à renverser son propre gouvernement. En Suisse la représentation a au-dessus d'elle le peuple lui-même qui peut annuler ses décisions par le moyen du referendum. Et dans les États-Unis, qui ont le même type constitutionnel que la Suède, le président peut s'opposer par son veto à toute modification dans les impôts et dans les douanes. Quant aux autres pays, nous y voyons que le gouvernement a sur les décisions une influence fort grande et même prépondérante en ce qui concerne spécialement la politique douanière. C'est seulement en Suède que le Parlement décide en souverain de la politique douanière aussi bien que des questions d'impôts, sans même avoir besoin du consentement royal.

Comme on le voit par ce qui précède, le Riksdag suédois possède des pouvoirs et une autorité extraordinaires. Mais on se demandera : comment s'exerce cette puissance ? Quelle main la dirige et la fait servir au bien de tous ? Qui règle les travaux du Riksdag et le guide dans ses décisions ? Ici encore nous constatons une grande différence entre le Parlement suédois et ceux des autres nations.

La direction formelle des travaux parlementaires est assurée par la loi organique du Riksdag, par les règlements spéciaux, ainsi que par les statuts adoptés pour chacune des Chambres et par de vieux usages. D'ailleurs ces travaux sont conduits avec une précision et une sûreté que donne seule une longue expérience parlementaire. Voici les règles générales que l'on observe. L'ordre d'introduction des questions, qui doivent se traiter au même temps dans les deux Chambres, est déterminé par la conférence des présidents, (*talmanskonferensen*[1]). Aucune question appartenant à la compétence des cinq comités per-

1. Celle-ci se compose des présidents et vice-présidents, ainsi que de trois députés désignés pour chacune des Chambres.

manents[1] ne peut se résoudre sans passer au préalable entre les mains d'un de ces comités. Lors de l'examen définitif il y a liberté complète de discussion; mais c'est un usage chez nous que personne ne demande la parole plus de deux fois sur la même question, excepté pour répondre brièvement à des observations présentées. La clôture du débat par décision spéciale (*closure*) ou par la demande de mise aux voix (*previous question*) sont des usages tout à fait étrangers au droit suédois. C'est qu'en effet il ne s'est pas présenté dans le Riksdag suédois de ces abus de la liberté de parole qui ont rendu nécessaires ailleurs de semblables mesures. Ce qu'on pourrait plutôt nous reprocher, ce serait une certaine brièveté d'hommes d'affaires, principalement dans la première Chambre. On est un peu plus loquace dans la seconde Chambre, mais nulle part, excepté à de rares occasions, la discussion ne

1. Il en existait un sixième, appelé « comité des réclamations et d'économie publique ; » il fut remplacé en 1866 par les comités dits temporaires : ceux-ci ne sont pas communs au Parlement tout entier; ils sont élus dans chaque Chambre à chaque session, et leur nombre est déterminé par l'assemblée. Beaucoup ont estimé ce nouveau système inférieur à l'ancien, c'est-à-dire au système des comités communs pour toutes les affaires. Il présente cependant cet avantage de faciliter l'étouffement des projets mal venus.

prend l'envergure d'un grand débat parlementaire. Les discours atteignent rarement la durée d'une heure, et plusieurs minutes suffisent d'ordinaire. Mais si l'éloquence parlementaire est peu cultivée, le tact parlementaire n'en est que mieux observé. Dans aucun Parlement du monde les questions ne sont discutées avec plus de bon sens et de mesure que dans le Parlement suédois.

Autant la direction formelle des travaux du Riksdag est sûre et solidement organisée, autant est faible et incertaine leur direction réelle, en ce qui concerne le contenu même de ces travaux et les décisions. Cette insuffisance se constate tout d'abord dans « l'initiative, » c'est-à-dire dans la déposition des projets qui seront discutés par le Riksdag. Comme on l'a vu précédemment, l'initiative en matière législative a été transportée de plus en plus du gouvernement au Riksdag. C'est ici qu'elle réside en grande partie, et elle est entre les mains des divers motionnaires. Il est vrai que quatre des comités possèdent le droit de motion, mais ils l'emploient rarement et presque tout est abandonné au zèle réformateur des individus. Les projets individuels sont d'ailleurs traités suivant les mêmes formes que les propositions du gouvernement et personne ne peut se plaindre d'une injustice. Ces habitudes contrastent avec celles d'autres pays tels que l'Angleterre, la France, les États-Unis, etc..., où la majorité des motions individuelles ne parviennent pas à se faire examiner. Cet avantage accordé en Suède aux députés individuellement est d'ailleurs fort souvent mis à profit, surtout dans la seconde Chambre, dont les membres s'efforcent ainsi d'attirer sur eux l'attention de leurs électeurs. Mais ce qu'il y a de plus fâcheux, c'est que tout député peut présenter des motions relatives à des crédits, quelle que soit la destination de ceux-ci. Ainsi tous les groupes d'intérêts sociaux, si petits soient-ils, peuvent en dehors du gouvernement porter leurs réclamations et leurs demandes de subsides devant le Riksdag, c'est-à-dire devant l'autorité qui dispose des impôts.

Comme on voit par là, le droit d'initiative dans le Parlement suédois n'est ni limité, ni organisé[1]. Aucun sujet n'est réservé à tel ou tel motionnaire et aucune censure ne s'oppose à ce qu'un projet passe par la filière accoutumée. C'est là un des

1. La seule limitation, — d'ailleurs purement formelle, — qu'il y ait au droit d'initiative est contenue dans le § 55 de la loi organique d'après lequel une motion relative à un sujet du ressort d'un comité permanent doit être présentée dans les dix jours qui suivent l'ouverture du Riksdag. Mais cette prescription ne s'applique pas aux projets constitutionnels ni aux projets qui se rattachent à un événement survenu pendant la session ou à une décision prise par le Parlement.

points par où la vie parlementaire de la Suède se sépare le plus de celle des autres pays. Car en Angleterre et dans les autres États où règne le parlementarisme de cabinet, l'initiative revient en majeure partie au gouvernement et elle est en tous cas sous son contrôle ; aux États-Unis elle est comprimée par l'ordre du jour et par l'hégémonie que possèdent en cette matière le speaker et les présidents de comités, — ce qui amène pour les motions individuelles les conséquences indiquées plus haut. En Suède, au contraire, la liberté est complète. Fort heureusement il y règne autant de liberté lorsqu'il s'agit de critiquer et d'examiner les motions, et en dehors de cette critique parlementaire il existe le veto royal pour les affaires qui exigent le consentement du monarque. Cependant on pourrait souhaiter que la critique fût encore plus approfondie en ce qui concerne les affaires abandonnées à la seule décision du Riksdag (impôts et douanes), et que le droit de veto fût plus souvent utilisé. S'il en était ainsi, on ne trouverait pas à se plaindre de la multitude des adresses présentées au roi par le Riksdag.

De même en ce qui concerne les travaux et les décisions du Riksdag nous constatons une grande indépendance, quoique la liberté sur ce point ne soit pas aussi étendue qu'en matière d'initiative.

Le gouvernement, qui dans les pays de parlementarisme anglais règle et dirige complètement ou en grande partie le travail parlementaire, n'y intervient point en Suède, — ce qui est d'ailleurs une conséquence naturelle du caractère dualiste de la Constitution. Le gouvernement ne peut travailler qu'officieusement pour les propositions qu'il présente et parler en leur faveur lorsqu'elles passent devant les Chambres, mais c'est là tout simplement ce que fait chaque député pour la motion qu'il apporte. Quant aux présidents, ils n'ont absolument aucune autorité en cette matière. La seule direction organisée qui puisse être mentionnée est celle qui provient du système des comités. Mais elle a peu de force et on ne saurait la comparer avec la puissance qu'exercent les comités dans le Congrès des États-Unis.

D'une façon générale nous pouvons dire que les Chambres suivent l'avis des comités lorsque ceux-ci demandent le rejet d'une proposition et que leurs membres sont d'accord entre eux. Il en va de même de chacune des Chambres lorsque ses représentants dans les comités sont d'accord contre ceux de l'autre Chambre. Mais dans d'autres cas, si les comités concluent à l'acceptation ou qu'il y ait dans leur sein des divergences d'opinion, la décision des Chambres est souvent opposée, excepté en ce qui concerne l'avis du comité du budget. Celui-ci est le seul qui dirige vraiment les décisions du Riksdag. Les questions qu'il traite (règlement du budget, propositions de crédits, etc...) présupposent ordinairement une compétence spéciale et une connaissance du détail qui ne sont pas à la portée des autres membres des Chambres.

D'ailleurs une institution qui contribue à rendre faible toute direction en matière financière ainsi qu'en matière de politique douanière, c'est l'institution du vote en commun. Il est souvent impossible de prévoir les résultats qu'il pourra donner. Enfin le système des deux Chambres a un effet analogue, en ce sens que les deux Chambres s'arrêtent souvent à une décision différente, déjouant ainsi toute tentative faite pour diriger l'ensemble du Riksdag.

Il existe, il est vrai, dans l'intérieur de chaque Chambre des groupements de partis qui exercent une certaine direction, du moins en ce qui concerne les questions importantes. Tel était le cas en particulier pour le grand parti agraire, au temps de sa puissance ; rappelons encore les protectionnistes et les libre-échangistes lors des grandes discussions douanières, les partisans de la tempérance, etc... Mais c'est seulement dans les questions capitales prises comme plates-formes par ces partis que l'on fait appel à l'esprit de discipline de leurs représentants. Par ailleurs chacun parle et vote suivant son idée ; cependant il se trouve d'ordinaire pour chaque groupe de questions tel ou tel membre de la Chambre qui est regardé comme une autorité et dont la majorité suit le vote. Il y a encore un domaine où ce groupement de partis est actif et a véritablement une fonction à remplir, je veux parler de l'élection aux divers comités. Ces élections seraient très difficiles sans des listes dressées au préalable. C'est aussi l'occasion où les partis manifestent le plus nettement leur existence, la majorité s'attribuant plus de places qu'elle n'en avait besoin. Ce qu'il y a de caractéristique pour ces élections et en général pour le Riksdag suédois, c'est qu'immédiatement après le principe de la fidélité au parti on suit celui de l'ancienneté.

Maintenant, quelle est la nature et quelle est la qualité des travaux fournis par le Riksdag suédois? Il faut bien que nous disions quelques mots sur ce sujet dans un tableau général de la vie politique suédoise. Nous nous bornerons d'ailleurs au strict nécessaire.

L'écueil où le parlementarisme, s'il ne vient pas

y faire naufrage, subit du moins des avaries fréquentes, ce sont les intérêts particuliers. A l'origine, la représentation n'a pas eu d'autre rôle que de les défendre. Elle a continué à le faire, mais depuis que le Riksdag est devenu en outre un organe de l'État, un organe gouvernant, chargé avant tout de veiller aux intérêts généraux du pays, le rôle ancien doit céder la place au plus récent. Or cette nouvelle fonction est bien souvent difficile à remplir. Les intérêts particuliers sont exigeants, ils veulent se faire jour, alléguant comme prétexte ou même croyant pour tout de bon qu'ils se confondent avec le bien public. C'est aussi ce qui s'est passé très souvent en Suède après la réforme de la représentation. Cependant ce ne sont jamais les intérêts personnels qui se sont manifestés dans les Chambres.

En revanche, les intérêts de classes et de professions ainsi que les intérêts locaux ont souvent fait pencher la balance au lieu de l'intérêt général qui devrait avoir la prédominance sur tous les autres.

Comme nous l'avons dit, ce défaut s'est manifesté avec plus de force après 1865 que dans l'ancienne assemblée des quatre états. Il peut sembler étrange que les intérêts de classes puissent être plus impérieux dans un moderne

Riksdag à deux Chambres que dans une représentation fondée sur le principe des classes. Mais cela s'explique si l'on songe que la division en quatre états avait comme conséquence l'impossibilité pour un « état » de faire prévaloir ses désirs s'ils paraissaient en conflit avec l'intérêt général du royaume ; et d'autre part trois états pouvaient, si les circonstances l'exigeaient, faire céder le quatrième. Comme résultante de ce jeu des forces opposées, c'était presque toujours l'intérêt du royaume qui triomphait des ambitions particulières.

Dans le nouveau Riksdag et spécialement dans la seconde Chambre, un parti de classe, le parti agrarien, prit dès la première heure une situation prépondérante, et les ouvriers arrivent maintenant sur ses traces pour constituer un parti du même genre. Or, non seulement les intérêts de classes, mais aussi les intérêts locaux jouent maintenant un rôle plus important qu'il ne faudrait. C'est en partie une conséquence du § 19 de la loi du Riksdag, d'après lequel tout membre de la seconde Chambre doit appartenir à la circonscription électorale appelée à le nommer[1]. La tentation de ménager à la petite patrie électorale

1. Ajoutons que dans les deux Chambres les représentants sont rangés d'après les provinces et non d'après les partis.

quelque avantage particulier, comme par exemple la construction d'un chemin de fer, est plus forte que la prescription de la loi organique d'après laquelle le député représente le pays entier et non une de ses parties.

Il serait cependant injuste de prétendre que la seconde Chambre aussi bien que la première n'a pas eu devant les yeux, à côté des intérêts spéciaux, le bien général du royaume. Mais il est certain que c'est l'opposition entre ces deux mobiles qui domine toute l'histoire politique intérieure de la Suède après 1865 et qui paraît encore appelée à la dominer. C'est elle aussi qui a donné naissance à ces « compromis » célèbres dans notre histoire parlementaire de ces derniers temps. Le compromis n'est pas en soi quelque chose de mauvais. Au contraire, dans le système du parlementarisme dualiste, il est souvent le dernier mot de la sagesse politique. Mais il est des compromis d'espèce différente; il y en a qui consistent dans une réduction opérée sur des prétentions mutuelles; il y en a qui consistent à vendre son approbation à une mesure d'intérêt général en échange d'un appui prêté à ses ambitions particulières, ou bien qui se font aux dépens d'un tiers. Or ces deux dernières catégories de compromis illicites n'ont pas été sans se produire à côté d'arrangements très loyaux. Le système dualiste y prête, comme le démontrent abondamment les expériences faites en Amérique.

Enfin, dans cette revue des principaux traits de la physionomie politique du Riksdag, il ne faut pas négliger de dire que les deux Chambres présentent, en dehors des points signalés précédemment, d'autres dissemblances frappantes. Ainsi la Chambre basse s'est toujours distinguée jusqu'ici par une très grande économie dans l'emploi des ressources budgétaires, excepté, il faut le dire, en ce qui concerne la haute culture, dont des intérêts ont toujours été bien protégés même dans cette Chambre. Mais pour le reste, les demandes de nouveaux crédits présentées par le gouvernement ont été le plus souvent adoptées grâce à l'appui de la première Chambre, par le moyen du vote en commun. En revanche, dans des questions d'une autre nature, par exemple, dans celles relatives à l'Église, à la loi civile, etc..., la Chambre basse est en majorité disposée aux réformes, tandis que la Chambre haute a une attitude plus réservée. Ainsi on peut, en employant la terminologie courante, qualifier la seconde Chambre de libérale et la première de conservatrice, bien que la différence se borne le plus souvent à un délai d'un an ou deux avant l'approbation définitive. Il y a là une dissemblance qui doit toujours exister entre une Chambre haute et une Chambre basse, et qui contribue à assurer au progrès une marche calme et sans à-coups.

Auprès du Riksdag, le Conseil d'État occupe dans la vie politique de la Suède une place bien modeste. Cette institution, qui dans les autres États de l'Europe, parlementaires ou non, est pour ainsi dire le cœur de la vie politique, l'organe qui donne l'impulsion à tout le reste, joue en Suède comme en Amérique un rôle assez limité. Comme on l'a vu, elle ne dirige rien dans le Parlement. Au contraire, on peut dire que le gouvernement ou plus exactement ses divers membres acceptent de plus en plus les ordres du Riksdag. Les comptes-rendus des Chambres en portent des preuves remarquables, surtout dans ces dernières années. Il ne faut pas s'étonner si dans ces conditions des propositions et des demandes du gouvernement soient souvent rejetées. Mais de leur acceptation ou de leur échec ne dépend nullement, sauf dans de rares exceptions, l'existence même du ministère. En ce cas la situation serait impossible et il ne se passerait pas de session sans une effroyable hécatombe de ministres.

En Suède du reste on épargne aux membres du gouvernement les ordres du jour avec votes de confiance ou de défiance et de même ils sont presque complètement à l'abri de ces interpellations si fréquentes dans le parlementarisme de Cabinet. La première de ces deux institutions est absolument étrangère à la vie parlementaire suédoise et la seconde ne fonctionne que très rarement. L'interpellation n'appartient pas plus à notre type constitutionnel que l'introduction des ministres dans le Parlement. Mais dès lors que celle-ci est admise, celle-là peut naturellement avoir sa raison d'être. Elle peut être un moyen commode d'adresser une représentation au gouvernement à propos d'une question à l'ordre du jour. Si ce procédé est pourtant très peu employé et si on lui préfère toujours le vieux procédé plus compliqué et plus lent de la motion, cela tient sans doute à ce que l'interpellation se fait dans chaque Chambre séparée et n'amène pas le Riksdag à se prononcer.

Une circonstance spéciale qui contribue beaucoup à amoindrir la situation du gouvernement en face du Riksdag c'est ce droit que possède chaque membre du Parlement de présenter sous forme de motion un projet de crédit pour n'importe quelle destination. Naturellement le roi peut refuser de ratifier un crédit de ce genre, s'il a été accordé ; mais un pareil refus ne se produit pour ainsi dire jamais, car il s'agit ordinairement d'une question d'intérêt général. Or la proposition a passé en dehors du gouvernement ; celui-ci n'est que spectateur, et par là son prestige diminue lentement mais sûrement. Du reste nous avons expliqué comment il n'y avait pas en Suède de gouvernement ministériel. Nous nous bornerons à ajouter que si nos « conseillers d'État » ont pour trait caractéristique de n'exercer aucun pouvoir propre, pas même le pouvoir limité dont disposent les secrétaires d'État de l'Union américaine, ce fait a son origine dans l'ancienne organisation administrative de la Suède. Ici les administrations centrales sont chargées par exemple de nommer les fonctionnaires subalternes et en général de remplir des fonctions qui dans les autres pays reviennent aux ministres.

Du rôle et de la place assignés au « Conseil d'État » dans la Constitution suédoise il s'ensuit qu'il n'a pas besoin d'être homogène. Le point le plus important c'est que les membres qui le composent soient personnellement en état de collaborer au travail commun. Pour ce qui est de la composition du Conseil, remarquons du reste qu'il n'a pas dans son ensemble un caractère politique. Il suffit ordinairement que son chef soit un politicien expérimenté. D'ailleurs le choix des ministres est laissé complètement à l'appréciation du monarque. Ce choix est en Suède plus qu'ailleurs une opération délicate et difficile. Sous le régime du parlementarisme de Cabinet, le choix des ministres se fait pour ainsi dire automatiquement ; il porte sur les personnages les plus en vue de la majorité, et ceux-ci sont en général des hommes de valeur. Les mêmes garanties n'existent pas dans le régime suédois.

Comme on le voit, le Conseil d'État suédois, dans ses rapports avec le Riksdag et aussi vis-à-vis des administrations, est une institution assez faible et mal armée. Il en est de même, au point de vue légal, de ses rapports avec le monarque ; la Constitution n'a reconnu au Conseil aucune part indépendante dans la direction du royaume. Si malgré cela il peut détenir et est arrivé à détenir l'administration des affaires du royaume, du moins en ce qui concerne les attributions royales, cela dépend de la conception que le monarque s'est faite de sa situation et de son rôle.

La Constitution reconnaît au roi le droit exclusif d'administrer le pays et de décider dans toutes les affaires d'État. Conformément à l'esprit aussi bien qu'à la lettre de la Constitution, il est entendu que cette attribution royale doit être exercée réellement. Le roi est le seul pouvoir exécutif du royaume; et personne ne peut lui enlever les droits et les devoirs attachés à cette fonction. Mais si, tout en conservant formellement l'exercice du pouvoir, — dont rien ne saurait le dispenser, — il préfère en confier à d'autres la réalité, il est clair que c'est là une chose qui dépend de lui personnellement. Il peut par exemple sanctionner une décision qu'il laisse à un autre le soin de lui dicter. Ce procédé n'est pas d'accord avec l'esprit de la Constitution, mais elle ne peut l'empêcher. Sous l'influence des idées modernes et de la conception étrange qu'on s'est faite après coup de la Constitution suédoise, le monarque s'est peu à peu soustrait au fardeau de la direction du royaume, en l'abandonnant au Conseil d'État. Ainsi celui-ci a reçu non pas formellement mais en fait une puissance que la Constitution ne lui avait pas destinée et qui fait pourtant de lui un gouvernement au vrai sens de ce mot. Cette évolution étrangère à la Constitution a des conséquences fort étendues.

Toutefois ce transfert de la puissance réelle n'avait rien en soi qui pût avoir une action fâcheuse sur la Constitution ni porter préjudice au pays ; au contraire, il pouvait même être un bien dans certaines circonstances. Mais le malheur est que le Conseil d'État, pour les raisons données précédemment, est devenu de plus en plus dépendant du Riksdag. Dès lors que le roi a, si j'ose ainsi parler, livré son pouvoir au Conseil derrière le dos de la Constitution, la subordination de l'un vis-à-vis du Parlement entraîne nécessairement celle de l'autre. Par là cet équilibre des deux pouvoirs, Roi et Riksdag, qui était, suivant la Constitution de 1809 le principe fondamental du nouveau régime, se trouve fortement menacé. Tel est le changement profond qui atteint la Constitution et dont les déplacements de pouvoirs signalés plus haut (p. 260) n'ont été que des manifestations. Le premier pouvoir de l'État, c'est-à-dire le Roi, est en train de se placer avec le Conseil sous la dépendance du Parlement. On comprendra mieux ce qu'il y a de fondé dans cette crainte si l'on compare la puissance du roi telle qu'elle est devenue en fait dans les domaines où l'influence du Riksdag peut se manifester complètement, avec la puissance qu'il continue à posséder dans les domaines où ne pénètre pas l'influence parlementaire : par exemple la politique étrangère, y compris les relations avec la Norvège. En ces matières il n'y a guère de place pour l'initiative parlementaire ni pour les motions individuelles, et d'ailleurs les procès-verbaux des affaires étrangères sont en règle générale soustraits à l'examen du comité constitutionnel. Aussi le roi a-t-il maintenu sur ce point l'indépendance que lui reconnaît la Constitution. Tel est également le cas pour la nomination des fonctionnaires, qui reste en dehors des atteintes du Parlement, en vertu du § 90 de la Constitution. Mais partout ailleurs le premier pouvoir du royaume est en train de se soumettre à l'autre, et cela par l'intermédiaire du Conseil des ministres ; et ainsi se trouvent ébranlées les bases mêmes de la Constitution actuelle.

En présence de cette évolution, on se demande tout naturellement comment elle a pu se produire et quels en ont été les facteurs. Il est clair que l'admission du Conseil aux délibérations du Riksdag eut une large part dans la transformation dont il s'agit. Mais cette part est plus négative que positive. La voie se trouvait ainsi frayée pour cette transformation, qui devenait beaucoup plus facile, mais cela n'a pas suffi à la mettre en marche. D'autres influences ont été actives, et il faut citer en première ligne l'ambition naturelle à toutes les assemblées représentatives d'étendre leur puissance. Or cette ambition est particulièrement vive dans le parlementarisme dualiste où le Riksdag possède déjà, en vertu de la Constitution, une part si grande dans la formation de la volonté d'État et où le système des comités a pris une telle ampleur. Mais en dehors de ces tendances communes à toutes les représentations populaires, d'autres causes plus spéciales sont entrées en jeu. Les unes sont objectives et résident dans la Constitution ; les autres sont subjectives et se rattachent à certaines idées et à certains vœux.

La cause objective, constitutionnelle, d'un déplacement de pouvoir entre le Roi et le Riksdag, c'est que dans certains cas le besoin d'une suppléance peut se faire sentir. Le parlementarisme dualiste, comme du reste toutes les monarchies constitutionnelles dont la Constitution comporte au fond un dualisme, exige en effet que le chef de l'État soit dans la plénitude de sa force ; il doit avoir à la fois la capacité et la volonté d'accomplir sa lourde tâche. Ces conditions ne sont pas nécessaires, on le sait, dans le régime du parlementarisme de Cabinet ; mais elles le deviennent dans les régimes où le chef d'État contribue de sa personne à fonder la volonté de l'État. Dans les républiques à Constitution dualiste, on peut obtenir sans difficulté que le chef d'État remplisse la condition requise et soit un homme d'action[1]. Mais on comprend aisément qu'il ne puisse en être toujours ainsi dans une monarchie héréditaire. Vu par ce côté, le régime en question s'harmonise mieux avec une république qu'avec une monarchie.

Cependant il est possible de trancher la difficulté comme il a été dit, le monarque prenant pour ainsi dire un fondé de pouvoirs et veillant seulement à ce que ce représentant, ou plutôt le Conseil d'État dans son ensemble, ne trahisse pas son maître inconsciemment. Nous pouvons citer un exemple d'une suppléance du même genre; cet exemple nous est fourni, il est vrai, par une monarchie constitutionnelle, savoir la monarchie prussienne au temps de Guillaume Ier et de son ministre Bismarck. Ceci soit dit sans poursuivre plus loin la comparaison. Ce qu'il faut en ce cas, ce ne sont pas précisément des génies, mais des hommes ayant assez de force et de prudence, et cela non seulement au poste de premier ministre

1. C'est aussi ce qui arrive toujours en fait, — bien qu'on doive également reconnaître avec BRYCE (*American commonwealth*, p. 100 et suiv.) que les vrais grands hommes pénètrent rarement ou ne pénètrent jamais dans la Maison Blanche.

mais à tous les postes. Cependant le point le plus important, c'est qu'il n'y ait pas d'erreur sur la nature et sur le but de cette délégation ; il ne faut pas qu'elle aboutisse à un abandon véritable de la puissance que la Constitution attribue au monarque.

Or un malentendu de ce genre s'est produit dans la réalité ; et c'est là que nous trouvons les causes subjectives, c'est-à-dire en fait les causes les plus actives de ce déplacement de puissance que nous avons signalé entre le Roi et le Riksdag. On a interprété la délégation des pouvoirs comme un fait normal ; on l'a interprétée comme signifiant que le monarque doit, sans intervention personnelle, abandonner au Conseil d'État le soin de gouverner en son nom comme il l'entendra. Et d'autre part le Conseil d'État a subordonné de plus en plus sa volonté à celle du Parlement. Tout le changement vient de cette double méprise sur le rôle du monarque et sur celui du gouvernement.

Du côté du monarque, la méprise en question est facilement explicable et l'on doit y voir plutôt un désir très loyal de se conformer aux tendances de notre époque. Ces tendances vont, comme nous l'avons vu, vers des régimes démocratiques. L'évolution générale part de l'absolutisme et aboutit au parlementarisme en passant par la monarchie constitutionnelle. On comprend très bien comment, sous l'impression des idées modernes et d'ailleurs sans comprendre parfaitement le caractère particulier de notre Constitution, les monarques consciencieux et loyaux qui ont expérimenté le nouveau régime, ont pu s'appliquer à eux-mêmes de bonne foi le principe célèbre : le roi règne, mais ne gouverne pas. Ils y étaient du reste amenés par cette circonstance que dans l'autre pays dont ils portaient la couronne, c'est-à-dire en Norvège, ils devaient suivre le principe en question. L'état d'esprit qui convenait au roi de Norvège ne devait se communiquer que trop facilement au roi de Suède, étant donné que ces deux personnes juridiques se rencontraient dans la même personne physique. Mais ce fameux principe, de même que la constitution norvégienne, appartient au régime du parlementarisme de Cabinet. Ainsi donc c'était ce régime que l'on avait devant les yeux et suivant lequel on se réglait, oubliant que la Constitution suédoise est toute différente. C'est donc en dernière analyse une compréhension insuffisante de la Constitution propre qui est la cause du malentendu signalé plus haut et par suite de toute l'évolution qui menace le régime actuel.

Mais cette incompréhension n'a pas été personnelle au monarque. Tout le peuple a été frappé du même aveuglement. Le fait est surprenant, mais il est pourtant exact. Les hommes d'État et les publicistes suédois sont en train d'oublier les principes mêmes de leur propre Constitution et de s'imaginer qu'ils possèdent le gouvernement majoritaire du régime anglais ; ils croient que si ce régime ne fonctionne pas encore en Suède comme il devrait fonctionner, c'est seulement parce que l'évolution politique de leur pays se trouve en retard. Il serait impossible de croire à l'existence d'une pareille erreur, si des témoignages très clairs n'en donnaient des preuves convaincantes. Déjà les réformes qui se sont produites, — admission des ministres au Riksdag et surtout organisation du vote commun des deux Chambres, — montrent bien qu'on ne comprenait plus le caractère spécial de la Constitution suédoise. Ainsi le vote commun avec deux Chambres différentes est, malgré les précautions prises, une infidélité faite au système dualiste et un pas accompli vers le parlementarisme unitaire. Un vote commun ainsi organisé est parfaitement en harmonie avec ce dernier régime. Il est même étonnant qu'on n'ait pas découvert ce procédé très simple en Belgique, en France et dans les autres pays qui ont importé le parlementarisme anglais en combinaison avec le système des deux Chambres. En Suède au contraire, comme en général dans le parlementarisme dualiste, un pareil procédé tel qu'il a été organisé en 1866, est en contradiction absolue avec le régime politique actuel. On possédait la même institution depuis longtemps déjà sous la forme du vote commun en comité renforcé, et il n'y aurait eu aucun inconvénient à la transporter dans le Riksdag à deux Chambres, à condition que les membres participant au vote eussent été en nombre égal comme dans le comité renforcé. Mais on ne fit pas attention à cela et ainsi l'institution s'établit telle qu'elle est maintenant, c'est-à-dire en contradiction avec un des principes de ce type constitutionnel, qui est l'observation stricte du système des deux Chambres. En ce cas comme en beaucoup d'autres la contradiction a pu durer pendant longtemps sans avoir de conséquences fâcheuses ; cela tient à ce que, par suite de la composition de la seconde Chambre, les votes en commun sont aussi souvent favorables à l'une des Chambres qu'à l'autre. Mais que l'extension du droit de voten vienne à nous donner une seconde

Chambre bien homogène, et alors celle-ci triomphera toujours dans les scrutins en commun. Ainsi le système des deux Chambres se trouverait en fait aboli pour toutes les questions importantes, qui nécessitent le vote commun (impôts, douanes, etc...) et par suite la Constitution subirait un grave échec. Voilà un résultat que les législateurs de 1865 n'avaient pas prévu, tout simplement parce qu'ils ne comprenaient plus la nature exacte du régime qu'ils réformaient; non plus que les autres architectes politiques du XVIIIe siècle ils n'étaient au courant de la différence des styles constitutionnels.

Dès lors s'est implantée de plus en plus fortement dans les esprits cette idée fausse que la Suède possède juridiquement une constitution parlementaire sur le modèle anglais. Cette idée revient jusque dans nos débats parlementaires et elle a même trouvé des interprètes sur les bancs des ministres; de même elle se présente presque journellement dans notre presse de toute nuance. Les journaux n'hésitent pas à déclarer que le parlementarisme anglais est le but vers lequel devraient tendre nos efforts. On reconnaît, il est vrai, que ce but n'est pas proche, mais la faute en est, dit-on, à la lenteur de notre évolution politique.

Ce curieux contre-sens a plusieurs causes, parmi lesquelles nous citerons celle-ci : le système politique que l'on appliqua en 1809 était si étranger aux théories philosophiques et constitutionnelles de l'Europe et même de la Suède qu'à partir du moment où il ne se trouva plus personne pour l'expliquer et pour le défendre, son sens primitif ne tarda pas à s'obscurcir ; il fut éclipsé par les théories régnantes. La science juridique allemande et la doctrine politique de notre philosophe Boström étaient d'accord pour expliquer que le pouvoir de l'État réside un et indivisible entre les mains du monarque et qu'un partage du pouvoir était à la fois une impossibilité pratique et une monstruosité philosophique. Ainsi s'effaça de la conscience du public instruit le véritable contenu de la Constitution de 1809. Mais une influence plus puissante encore et qui s'étendit à un public bien plus vaste fut celle qu'exerça le spectacle de l'Europe et en particulier de l'Angleterre. Le parlementarisme anglais était généralement considéré comme le parlementarisme par excellence, comme la seule forme de gouvernement populaire dont il pût être question. La plupart des pays de l'Europe s'efforçaient de l'imiter et à leur tête venait notre sœur jumelle la Norvège. Cette vue nous hypnotisa de plus en plus et c'est là ce qui a faussé notre jugement ainsi que celui de nos voisins. Si ces voisins avaient été les États-Unis au lieu de la Norvège, personne n'aurait certainement pu oublier ou méconnaître le vrai caractère de notre Constitution. Mais on ne voyait ou on ne croyait voir autour de soi que des constitutions à pouvoir unique et indivis; d'où l'idée erronée qu'il en était de même aussi en Suède et que le parlementarisme de Cabinet était la forme politique vers laquelle nous conduisait l'évolution démocratique.

On se rendra mieux compte de la nature du malentendu en parcourant ce petit tableau comparatif où nous résumons les traits caractéristiques du régime suédois et du régime anglais :

SUÈDE	ANGLETERRE
Le roi administre seul le royaume, c'est pourquoi tous les actes gouvernementaux doivent se décider devant lui dans le Conseil d'État.	Le roi ne participe que formellement au gouvernement du pays, et conséquemment il ne participe pas aux délibérations du Cabinet.
Les ministres ou « conseillers d'État » ne possèdent ni individuellement ni en corps aucun droit de décision.	Chaque ministre gouverne son département et l'ensemble des ministres gouverne le pays entier.

Le système des deux Chambres est rigoureusement appliqué et il y a en principe égalité entre les deux assemblées pour toutes les questions.	Le système des deux Chambres n'est appliqué que d'une manière fictive et la Chambre haute a perdu toute influence.
Les conseillers d'État sont les délégués du Roi et non du Riksdag.	Les ministres sont les délégués de la majorité de la Chambre des communes.
Les conseillers d'État n'exercent pas la moindre direction sur les travaux du Riksdag.	Les ministres dirigent complètement les travaux du Parlement.
Le Riksdag possède un système complet de comités, qui fonctionne comme un second gouvernement, en particulier par le moyen du comité du budget.	Il n'existe aucun comité ayant une importance quelconque.
Des propositions relatives à des crédits peuvent être soulevées par des individualités parlementaires et acceptées ou repoussées par le Riksdag indépendamment du gouvernement.	Les propositions relatives à des crédits ou à des subsides sont présentées par le gouvernement exclusivement.
L'initiative en matière de lois est exercée en grande partie, pour ne pas dire principalement, par le Riksdag, à la suite de motions individuelles.	Il est très rare qu'un projet devienne une loi s'il ne provient pas du gouvernement.

Le Riksdag décide seul, et sans que le gouvernement puisse y intervenir, non seulement en ce qui concerne la plupart des impôts mais encore en matière de politique douanière.	Le gouvernement tient en ses mains la direction de la législation financière aussi bien que celle de la politique douanière.
Le Riksdag contrôle et examine minutieusement les procès-verbaux du Conseil d'État.	Il n'existe aucun procès-verbal susceptible d'examen.
Les conseillers d'État ne sont nullement obligés de démissionner à la suite de votes parlementaires.	Le ministère se retire en général au premier vote défavorable.
Les rapports entre le gouvernement et la représentation du peuple sont marqués au coin d'une défiance perpétuelle.	Une pleine confiance règne, jusqu'à la chute du ministère, entre le gouvernement et le Parlement.

Il est bon de rappeler enfin la différence profonde qui distingue les partis anglais des partis suédois. Cette différence suffirait à elle seule pour rendre impossible chez nous un gouvernement de majorité sur le modèle de l'Angleterre. Tout considéré, on ne trouverait guère actuellement deux régimes qui soient plus éloignés l'un de l'autre que la monarchie anglaise et la monarchie suédoise. Mais, objectera-t-on, s'il en est ainsi à l'heure actuelle, le régime suédois ne peut-il pas se transformer après coup et subir une refonte qui le rende semblable à l'autre ? Les conceptions et les désirs des hommes ne peuvent-ils pas peser sur l'évolution au point que nous arrivions finalement à posséder nous aussi un parlementarisme de Cabinet ?

Un examen calme et approfondi de la question nous permet de répondre résolument par la négative. Bien mieux, notre évolution politique nous entraîne de plus en plus loin du régime qu'on nous propose comme un idéal. Nous en étions plus rapprochés il y a cinquante ans que nous ne le sommes aujourd'hui. Les partis que nous avions alors, parti conservateur et parti libéral, auraient pu sans aucun doute se développer de façon à devenir des partis politiques gouvernants ; et à cette époque le gouvernement avait encore la haute main sur les destinées du pays. Tout a beaucoup changé depuis lors, mais les changements qui se sont produits ne nous ont nullement orientés vers un parlementarisme de Cabinet : tout au contraire. Plus l'esprit démocratique a fait de progrès, plus nous nous sommes éloignés d'un tel régime. Le genre de démocratie que comporte le parlementarisme dualiste, rend le Riksdag de plus en plus autonome ; et rien ne peut nous faire croire qu'il veuille céder jamais son autorité à un ministère et, suivant une expression qui a été dite, « voter au commandement ». Autant que la structure même de la Constitution, toutes les traditions et les habitudes du Parlement suédois s'opposent à une pareille solution. Ceux qui viennent nous expliquer que nous marchons vers le parlementarisme anglais ne savent pas ce qu'ils disent.

CHAPITRE VIII

Le parlementarisme suisse. Conclusions.

I

LE PARLEMENTARISME SUISSE

La troisième espèce de démocratie moderne est celle qui s'est développée en Suisse. Elle n'est représentée dans aucun autre pays, bien que certaines de ses particularités puissent se retrouver dans les États fédératifs de la grande Union américaine. La démocratie suisse est aussi la seule démocratie moderne qui ait des traits communs avec celle de l'antiquité. Le peuple dans sa totalité prend part à la formation de la volonté d'État, comme cela se faisait dans les républiques antiques. La représentation, — qui existe naturellement en Suisse comme ailleurs, — a au-dessus d'elle le peuple pour lui donner l'impulsion et l'initiative ou pour la juger en dernière instance. En Suisse la souveraineté populaire est donc une réalité, ce qu'elle n'est pas ailleurs. Nous avons déjà protesté (p. 129) contre l'opinion très répandue d'après laquelle le peuple serait, dans les autres démocraties modernes, le détenteur du pouvoir de l'État. Le peuple se contente partout ailleurs de nommer les organes d'État immédiats, mais il ne détermine pas lui-même la volonté de l'État. C'est pourquoi le nom qui convient à ces régimes est celui de parlementarisme ou de souveraineté parlementaire, puisque la vie politique y gravite autour de la représentation. Tel n'est pas le cas en Suisse ; ici le pouvoir est partagé entre la représentation et le peuple lui-même ; de là vient qu'il est difficile de trouver une désignation convenable à un tel régime. En effet, il contient un mélange de souveraineté parlementaire et de souveraineté populaire. Nous avons préféré l'appeler tout simplement le parlementarisme suisse, étant donné que la représentation y détient toujours la part principale dans la formation de la volonté d'État et que d'autre part le système est unique en son genre et spécial à la Suisse.

Dans ce pays, comme dans les autres États fédéraux, l'activité de l'État est faible en comparaison de ce qu'elle est dans les régimes unitaires. Cependant, elle est ici beaucoup plus étendue que dans l'Union américaine par exemple, et son importance s'accroît chaque jour. En effet, la Suisse est déjà très avancée sur la voie qui conduit vers l'État unitaire. Cette marche, que nous avons déjà signalée (p. 202) comme un trait commun à la plupart des États fédératifs, apparaît en Suisse avec une grande netteté. A ce point de vue la Suisse marche évidemment sur les traces des Pays-Bas. Après les orages de la Révolution et la Restauration de 1815, la Suisse fut jusqu'en 1848 une fédération d'États sans cohésion. En 1848 elle passa au rang d'État fédéral, et la nouvelle Constitution de 1874 ainsi que des événements postérieurs (achat de chemins de fer, etc.) ont fait faire de grands progrès à l'idée unitaire. Le cas de la Suisse nous fournit d'ailleurs un exemple intéressant à l'appui de cette théorie d'après laquelle c'est la communauté des destinées historiques qui crée avant tout l'unité d'un peuple et d'une nation. On ne trouverait guère de pays présentant des contrastes plus marqués de langue, de religion et même de race ; et pourtant, sous l'influence puissante des grands souvenirs communs, un peuple s'est constitué avec ces éléments disparates. Mais il n'est pas donné à des souvenirs historiques quelconques d'exercer une telle action ; sans quoi la même chose aurait pu se produire bien plus facilement encore pour les deux peuples de la péninsule scandinave, qui parlent deux langues-sœurs et qui ont la même religion et la même origine. Ce n'est pas la communauté dans la paix, mais la communauté dans la guerre qui crée cette fraternisation des âmes, d'où résulte une nation. Même les querelles les plus acharnées entre les partis n'ont pu prévaloir sur le souvenir des luttes autrefois livrées en commun. Il est vrai que le fait d'un Parlement représentant la confédération entière et tous les actes électoraux qui en étaient la conséquence ont puissamment contribué au résultat final. En dernier lieu ce sont ces actes électoraux qui ont achevé la transformation des cantons suisses en une nation unie. En effet, des actes de ce genre accomplis en commun sont nécessaires pour assurer l'unité de l'ensemble. Ainsi nous voyons que dans les États fédératifs où se produisent des votes généraux l'unité se développe ; là où ces votes manquent, les États-membres restent disjoints.

Les partis, qui forment la base sociale d'une vie politique dans les régimes parlementaires, sont particulièrement développés en Suisse. Ils pénètrent jusque dans les couches profondes de la nation et ne demeurent pas à la surface comme les partis anglais. Ils se fondaient primitivement sur des antagonismes de religion et de nationalité. A cela vint s'ajouter l'opposition constitutionnelle entre les fédéralistes (cantonalistes), qui tenaient pour l'indépendance des cantons, et les partisans de l'unité, qui voulaient accroître la puissance de la Confédération au détriment des cantons. Comme aux États-Unis, cet antagonisme, qui se liait d'ailleurs ici à un antagonisme religieux, aboutit à une lutte ouverte ; mais en Suisse comme en Amérique l'idée unitaire triompha. Les partis sont actuellement au nombre de trois : la droite, le centre et la gauche ; la droite est composée surtout de catholiques des régions françaises ; les deux autres partis comprennent les protestants, surtout de nationalité allemande, mais de nuance politique variée : on y trouve des modérés et des radicaux. Comme on peut le voir, ce ne sont pas là des partis de classes, bien qu'il s'y introduise aussi des antagonismes sociaux, particulièrement dans le centre et dans la gauche. Ce qu'il y a de plus remarquable cependant, c'est que dans ce pays où ils sont si florissants, les partis n'ont pas le caractère de partis gouvernants, sauf dans les cantons. Sans doute, il règne une majorité dans chacune des deux Chambres (Conseil des États et Conseil national) ; mais d'ordinaire cette majorité n'est pas parfaitement homogène, et le centre, qui est le parti plus faible, penche tantôt vers la droite, tantôt vers la gauche. En outre, les partis occupent en général une situation différente dans les deux Chambres, ce qui rend difficile le gouvernement par un parti. Mais ce qui empêche complètement un pareil système, c'est l'organisation du gouvernement, et actuellement c'est enfin le referendum. Un gouvernement de parti à la manière anglaise présuppose l'existence d'un Cabinet ; mais le Conseil fédéral est aussi différent que possible d'un Cabinet. D'un autre côté, aucun gouvernement de parti ne peut se produire, car il y a au-dessus de la représentation le peuple souverain, et celui-ci annule souvent les décisions de celle-là.

Comme on peut le conclure de ce qui précède, les partis n'ont, dans cet Etat fédéral, aucune fonction constitutionnelle à remplir comme en Angleterre ou comme aux États-Unis. La Constitution n'a pas besoin d'eux. Le rôle qu'ils ont à jouer n'est pas politique, mais social. Ils accomplissent la tâche qui était autrefois celle de la représentation, et qui consiste à représenter et à défendre les divers intérêts sociaux. Mais la manière dont ils le font est aussi caractéristique qu'honorable pour ces partis. La majorité n'opprime pas en général la minorité ; elle lui laisse une voix au chapitre et même une part dans le gouvernement. Ainsi la représentation proportionnelle a été introduite dans plusieurs cantons. Du reste, la meilleure preuve de cet état d'esprit nous est fournie par la composition du Conseil fédéral, qui se recrute dans les trois partis. Ainsi, bien que la gauche soit actuellement assez forte pour pouvoir occuper toutes les places du Conseil et diriger à elle seule le pays, cependant trois places au moins sur sept sont réservées à des représentants des autres partis.

Les institutions constituantes du régime suisse sont le Conseil fédéral, l'Assemblée fédérale avec ses deux Chambres (Conseil des États et Conseil national), et le peuple. Le Tribunal fédéral, qui appartient également à ces institutions, peut être omis dans un exposé des traits caractéristiques de la vie politique en Suisse. Il nous suffira de remarquer que le Tribunal fédéral n'a pas, comme aux États-Unis, le droit d'invalider une loi adoptée par le pouvoir législatif.

Extérieurement l'organisation politique de la Suisse rappelle beaucoup celle de l'Union américaine ; mais vue de plus près, elle s'en écarte considérablement, comme dans le cas que nous venons de signaler. L'écart le plus frappant porte sur le gouvernement-chef d'État, sur son organisation et ses attributions. Au lieu d'un président nous avons ici un collège ; et les limites très nettes que l'on a tracées en Amérique entre le pouvoir exécutif et le pouvoir législatif font complètement défaut. Au lieu de la *séparation des pouvoirs*, règne ici, comme on l'a dit avec raison, la *confusion des pouvoirs*. En fait l'élément central de cette Constitution est, du moins jusqu'à nouvel ordre, la représentation. Son trait distinctif est un Parlement gouvernant. Mais il suit de là que le pouvoir exécutif ne possède pas ici l'autorité indépendante qui lui est généralement attribuée ; si bien qu'on peut se demander s'il ne faudrait pas parler plutôt d'un partage du pouvoir entre deux mains au lieu de la tripartition présentée par nous précédemment (p. 208).

Le Conseil fédéral est un collège de sept membres, dont chacun a la direction d'un département. Ils sont nommés par l'Assemblée fédérale tous les trois ans, après le renouvellement de la Chambre basse. D'ailleurs on continue à réélire les mêmes hommes, aussi longtemps qu'eux-mêmes se jugent en état de suffire à leur tâche laborieuse. Comme on l'a vu, ils appartiennent en règle générale à des partis différents. Le président du Conseil, qui est désigné annuellement par l'Assemblée fédérale, est également le président de la République. Il dirige les délibérations gouvernementales et représente l'État au dehors, mais pour le reste, il n'a pas une situation différente de ses collègues. Toutes les décisions gouvernementales sont prises dans le Conseil réuni et émanent du Conseil dans son ensemble ; il n'y a donc pas de gouvernement ministériel, bien qu'en fait chaque membre du Conseil soit le maître dans son département. La liberté d'action du Conseil fédéral est fort limitée. Il nomme naturellement les fonctionnaires, — excepté au Tribunal fédéral et à deux ou trois autres places, — et il règle toutes les affaires courantes. Mais il n'a pas le droit d'édicter des règlements ni même des arrêtés administratifs présentant quelque importance ; en effet, toutes les mesures importantes, de quelque catégorie qu'elles soient, émanent de l'Assemblée fédérale.

Ainsi donc le gouvernement, peut-on dire, agit surtout d'après des instructions. Mais il a l'initiative dans le Parlement, et il peut proposer lui-même ou par l'entremise d'un parlementaire, des lois et des mesures de toute espèce. Ses membres, il est vrai, ne siègent ni ne votent dans le Parlement, mais ils peuvent assister aux séances et y prendre la parole, et c'est un droit dont ils usent abondamment. Ils ne sont pas exposés à des votes de défiance, et bien que leurs propositions soient souvent repoussées, la confiance préside à leurs relations avec le Parlement. Un usage qui caractérise très bien les rapports entre le gouvernement et la représentation en Suisse, c'est le fait que celle-ci demande le plus souvent l'avis de celui-là, relativement à des projets de loi, avant de passer à une décision. Le Conseil fédéral est donc à la fois un organe exécutif et un organe consultatif pour la toute-puissante Assemblée fédérale[1].

L'Assemblée fédérale est, ou peut-être plus exactement, était le véritable souverain, et déterminait en grande partie à elle seule la volonté de l'État. Elle partage maintenant cette puissance avec le peuple et c'est ce qu'elle fera sans doute de plus en plus. De même que le Congrès des États-Unis, elle se compose de deux Chambres dont l'une doit représenter les cantons et l'autre le peuple suisse tout entier. Il y a égalité parfaite entre ces deux Chambres. Comme il n'existe pas de vote en commun, l'inégalité numérique des deux assemblées ne trouble pas plus que dans le

1. DUPRIEZ (*Les ministres*, II. p. 222) compare, non sans raison, le Conseil fédéral à une sorte de *Conseil d'État* préparant les projets de loi.

Congrès américain leur situation respective. Mais à la différence de ce qui se passe en Amérique, aucune des deux Chambres suisses n'a droit de priorité sur l'autre. Ainsi les questions financières peuvent être soulevées d'abord et examinées d'abord dans le Conseil des États, et le contrôle des actes du gouvernement appartient au même degré à toutes les deux. Il n'y a pas de comités communs ; mais il s'en forme d'ailleurs en grand nombre et la plupart ont un caractère transitoire. Ils sont souvent transformés en commissions qui ressemblent à celles de la Suède. Il règne d'ailleurs dans les décisions à peu près la même liberté que dans notre Riksdag. Si, comme il arrive assez souvent, les deux Chambres s'arrêtent à une décision différente, on tâche de se mettre d'accord et on y réussit ordinairement. Ici comme dans tous les régimes à deux Chambres égales, on a recours au système du compromis pour résoudre les conflits ; et l'esprit qui anime les hommes politiques en Suisse rend l'application de ce système plus facile qu'ailleurs.

A côté des deux pouvoirs que nous venons de signaler, le Conseil fédéral et l'Assemblée fédérale, il en existe un troisième qui est le peuple suisse. C'est là un trait particulier au régime qui s'est développé dans ce pays. Le peuple n'est, dans les autres États modernes, qu'un organe de vote sans influence directe sur la volonté de l'État. Il n'en est pas de même en Suisse : ici le peuple est comme un troisième pouvoir qui juge les deux autres en dernier ressort. Le gouvernement direct du peuple se fait de deux manières : par l'initiative et par le referendum ou plutôt, suivant le terme très juste dont se sert un historien, par la sanction[1]. Le « referendum », qui est la plus ancienne de ces deux institutions, consiste à demander au peuple de se prononcer par un vote régulier sur les lois et les arrêtés adoptés par la représentation. Le referendum est obligatoire dans le cas de réformes constitutionnelles ; autrement il est facultatif et doit être réclamé par trente mille citoyens ou huit cantons. L'« initiative », qui est d'institution plus récente, c'est le pouvoir accordé à un groupe de citoyens suffisamment nombreux (50.000) de présenter un projet de loi qui, après avoir passé entre les mains de l'Assemblée fédérale, doit être soumis au vote souverain du peuple. Le développement de ces deux institutions, par lesquelles le peuple est devenu un véritable organe de gouvernement,

1. CH. SEIGNOBOS, *Histoire politique de l'Europe contemporaine*, 3e éd., 1903, p. 254.

s'est fait d'abord dans les cantons, et de là elles ont passé ensuite dans la Constitution fédérale (1848 et 1874). A l'origine elles visaient exclusivement les réformes constitutionnelles, mais elles arrivèrent de bonne heure à s'étendre aussi à des questions de législation ordinaire[1].

Grâce à ces institutions, qui continuent à se développer et dont le fonctionnement devient de plus en plus facile, la souveraineté du peuple n'est plus ici comme ailleurs une simple façon de parler ; ce n'est plus une expression sonore, mais bien une réalité. D'autre part, il est clair qu'à mesure que cette réalité s'affirmera, l'Assemblée fédérale verra diminuer son influence et son prestige. Une décadence résultera nécessairement pour elle du fait qu'elle n'est plus le principal pouvoir de l'État et qu'elle en a un autre au-dessus d'elle. Cependant ce n'est pas la défiance et le mauvais vouloir contre la représentation et ses actes, qui ont amené en Suisse l'adoption de ces institutions populaires : le cas n'est pas le même ici que dans les États-membres de l'Union

1. Légalement l'initiative en matière de législation n'est pas encore accordée dans la Confédération ; mais après la réforme de 1891, qui autorise une révision partielle de la Constitution, toute question peut, en fait, être soulevée par l'initiative populaire.

américaine qui ont adopté des procédés analogues. En Suisse la seule raison a été que les procédés en question s'employaient déjà dans les cantons et dans les communes et qu'ils plaisaient à la masse. Par contre il paraît vraisemblable que le gouvernement fédéral, qui jusqu'ici était surtout le simple exécuteur des volontés parlementaires, tirera des nouvelles institutions un accroissement de pouvoir, — surtout si, comme il en a été question, les membres du Conseil viennent à être élus par le peuple et non plus par l'Assemblée fédérale.

Si l'on essaye de caractériser en un mot ce régime si particulier et si différent des autres constitutions modernes, nous pourrons l'appeler une constitution communale. Tel est en effet son type spécial, et il tire son origine des cantons et des communes. Nous avons là une évolution entièrement opposée à celle qui s'est manifestée aux États-Unis. Dans ce dernier pays les États-membres se sont modelés sur l'Union ; en Suisse la Confédération s'est modelée sur ses parties composantes. A l'exception de l'Assemblée fédérale qui a été organisée sur le modèle du Congrès américain à deux Chambres, tout dans le système suisse est emprunté aux cantons et, par l'intermédiaire de ceux-ci, aux communes : le gouvernement collégial, l'Assemblée toute-puissante, enfin le referendum et l'initiative. Les constitutions d'États du type communal étaient ordinaires dans l'antiquité ; actuellement nous n'en trouvons pas d'autre exemple que la Suisse. D'une façon générale elles ne sont possibles que dans un petit pays, de faible population. Mais les conditions les plus importantes pour qu'un tel régime puisse fonctionner et durer, c'est d'abord que l'État en question n'ait pas de voisins dangereux, c'est ensuite que l'esprit de la population soit sage et pondéré. En dernière analyse c'est le peuple lui-même bien plus que ses institutions qui mérite les éloges souvent décernés au régime suisse ; car pour ce qui est des institutions, — à l'exception de l'Assemblée fédérale et de la bonne application du système des deux Chambres, — on ne peut guère se dissimuler qu'elles sont très primitives.

II

CONCLUSIONS

L'étude que nous venons de faire nous a appris que les formes d'État modernes constituent des types distincts et très différents les uns des autres à la fois dans leurs origines et dans leur application pratique. Mais nous avons vu en même temps que malgré cela ces types constitutionnels font partie d'une évolution générale où ils sont comme des chaînons tantôt successifs, tantôt parallèles. Les formes d'État, comme les styles architecturaux, peuvent être à la fois très distinctes et présenter cependant entre elles des rapports très étroits. De l'absolutisme, qui a été le régime le plus général dans l'Europe moderne, est sortie par voie de développement la monarchie constitutionnelle, et celle-ci a donné naissance au parlementarisme sous ses deux types : parlementarisme unitaire (anglais), et parlementarisme dualiste (Suède-Amérique), le parlementarisme suisse provenant d'un régime aristocratique.

Le principe actif de cette évolution a été celui du gouvernement populaire. On a passé par degrés de la souveraineté du prince et d'une aristocratie à la souveraineté du peuple. Mais celle-ci n'apparaît, sauf en Suisse, que sous la forme de la souveraineté parlementaire. La représentation populaire est devenue, ou est en train de devenir le principal pouvoir de l'État. Voilà ce qu'il y a au fond de ce développement puissant que parcourt l'État moderne. Les stades antérieurs de ce développement se retrouvent dans l'autocratie russe ainsi que dans les monarchies constitutionnelles de l'Europe continentale ; le dernier stade apparaît dans les formes diverses du parlementarisme. C'est seulement ici que la représentation populaire se développe dans toute sa puissance. Ainsi l'évolution s'est faite d'une souveraineté royale à une souveraineté parlementaire, unique ou partagée. Il est évident que ce dernier régime peut conduire à l'oppression tout comme le premier ; et ce danger n'est guère moindre aujourd'hui qu'il ne l'était dans les régimes démocratiques d'autrefois. Le danger vient de deux côtés différents : du dehors et de la représentation elle-même.

Le péril extérieur doit être cherché dans la société. A côté de l'évolution qui a transformé le Parlement d'une assemblée simplement consultative en un organe de gouvernement, détenteur du pouvoir de l'État, nous en observons une autre non moins remarquable et qui porte sur la composition du Parlement et sur l'idée même de la représentation. Ces deux éléments se sont grandement modifiés au cours des temps.

La représentation par « états » a cédé la place à une représentation fondée sur le vote général de toutes les classes ; et en outre le vote censitaire a été remplacé ou va être remplacé par le suffrage universel. La représentation, qui émanait des « classes dirigeantes, » est maintenant nommée en majeure partie par les classes populaires.

La question est donc celle-ci : la représentation ainsi constituée sera-t-elle capable de remplir pour le bien de l'État et du peuple entier la lourde tâche que lui imposent ses nouveaux pouvoirs? Nous savons d'avance qu'il se trouvera des milliers de voix pour répondre : oui. Ce sera la réponse de ces classes populaires qui ont foi en elles-mêmes; mais il leur serait difficile d'établir cette foi sur des raisons solides. Si les hommes sont par ailleurs impropres à comprendre et à mener à bien, sans préparation, une tâche compliquée et difficile, ils ne s'improvisent pas davantage une compétence spéciale lorsqu'il s'agit du gouvernement de l'État, qui est une des entreprises les plus délicates qui existent. La grande masse ne comprend parfaitement que ses propres besoins et ses propres intérêts. Elle est donc tentée de se servir de la représentation qu'elle a dans sa main pour satisfaire ces besoins au détriment du bien général. Tel est le grand danger auquel est exposé l'État moderne sous le régime de la souveraineté parlementaire.

Vu de plus près, ce danger nous apparaît sous deux formes : l'omnipotence du nombre et le mandat impératif. Il s'est développé à l'époque actuelle un véritable culte de la majorité. Là où est la majorité, là se trouvent aussi, dans l'opinion générale, non seulement la puissance mais même la sagesse et le droit. Or il n'est rien de plus inexact. Il est vrai qu'il existe quelque part une majorité politique qui, dans la mesure où le permettent l'humaine faiblesse et les imperfections inhérentes à la volonté des masses, possède les qualités requises pour un bon gouvernement. Je veux parler de la majorité qui préside aux destinées de l'Angleterre actuelle. En effet, cette majorité, comme nous l'avons exposé précédemment, émane d'un corps électoral généralement étranger aux partis et elle est fondée exclusivement sur la défense des intérêts communs à tout le royaume. Quel que soit le caractère parfois peu édifiant des campagnes électorales d'où elle est sortie, il faut s'incliner avec respect devant une telle majorité. Elle peut naturellement, comme tous les groupes humains, se tromper dans son appréciation de la situation politique et des intérêts du pays, mais elle n'a que ceux-ci en vue. Ce ne sont pas les intérêts de classes ou les intérêts locaux et personnels qui fondent et inspirent cette majorité, mais c'est avant tout l'intérêt général. On pourrait donc lui appliquer avec quelque raison l'adage *vox populi, vox Dei.*

Mais nous ne trouvons pas de majorité analogue hors de l'Angleterre. On peut copier les institutions de ce pays, comme on l'a fait avec plus ou moins d'intelligence. Mais on ne peut pas imiter l'organisation des partis anglais, et pourtant ce sont eux qui donnent une âme à ces institutions. Partout ailleurs les partis représentent des classes ou des intérêts spéciaux. La majorité prend alors le même caractère, et du reste elle peut être homogène ou ne l'être pas. Voilà pourquoi partout ailleurs le gouvernement de parti a plus ou moins échoué. Hors de l'Angleterre, le gouvernement de parti est le gouvernement d'une classe ou d'un groupe d'intérêts : et par suite la souveraineté parlementaire manque à ses devoirs et devient trop facilement la tyrannie d'une majorité.

Un autre moyen par où les intérêts particuliers essayent de parvenir au gouvernement du pays, c'est, nous l'avons dit, le mandat impératif. Le mandat impératif dominait les vieilles assemblées des « états, » dont le rôle principal était de porter devant le roi les doléances et les vœux des grandes classes sociales. Lorsque la représentation reçut une part de la puissance publique et devint un organe gouvernant, on lui imposa comme premier devoir de représenter la nation entière et non des parties de la nation, et on prescrivit que ses membres ne pourraient être liés par des engagements. Il semble que l'on revienne maintenant à la conception ancienne, à mesure que les masses prennent part à la représentation. Les représentants reçoivent le mot d'ordre de leurs électeurs et ne doivent pas s'écarter du programme : tel est le principe adopté un peu partout dans les pays où il y a des partis populaires.

Les dangers signalés jusqu'ici et qui menacent le gouvernement populaire actuel viennent du dehors et consistent essentiellement en ce que la société essaye de conquérir et de dominer la représentation. Il y a un autre danger qui consiste dans les efforts tentés par la représentation pour se soumettre le pouvoir exécutif et pour devenir un Parlement gouvernant. Ce danger est d'une autre nature que le premier, mais il lui tient volontiers compagnie. Dans tous les cas il expose la nation à être gouvernée sans aucune responsabilité individuelle et par suite à être mal gouvernée. Car il va de soi que le gouvernement exercé par un collège aussi nombreux que le Parlement est un gouvernement irresponsable, lequel devient trop facilement un mauvais gouvernement.

Ces dangers externes et internes menaçent toute souveraineté parlementaire, mais d'une façon différente suivant les différentes formes de gouvernement. Le parlementarisme unitaire est spécialement exposé à la tyrannie de la majorité, le parlementarisme dualiste à la tyrannie du Parlement. On a soupçonné instinctivement les inconvénients qui allaient suivre la démocratie moderne, et on a essayé de les prévenir, comme nous l'avons vu, dans chacun de ces deux régimes. Il n'est pas douteux en effet que les institutions et les constitutions ont un rôle préservatif important. Mais tout dépend en dernière analyse des hommes eux-mêmes, de leur bonne volonté et de leur bon sens. Si ces qualités font défaut, les meilleures institutions ne sont d'aucun secours, et inversement des institutions même très imparfaites peuvent donner de bons résultats pourvu que l'esprit public ait les qualités requises. C'est pourquoi nous devons chercher avant tout à faire l'éducation et l'instruction de ces masses qui sont appelées maintenant à prendre une part active à la vie politique. Il n'est pas moins indispensable d'acquérir sur la nature de l'État et sur les différentes formes d'État des notions plus justes et des idées plus claires que celles qui ont généralement cours; car la condition première d'un bon gouvernement est de bien connaître et de bien comprendre le régime qu'on est appelé à faire fonctionner.

CONSTITUTION DU 6 JUIN 1809

AVEC

LES ADDITIONS ET CHANGEMENTS SURVENUS JUSQU'À 1904[1]

---

§ 1. — L'État de Suède sera gouverné par un Roi, et sera un royaume héréditaire suivant l'ordre de succession établi par la loi organique de succession au trône.

§ 2. — Le Roi devra toujours professer la pure doctrine évangélique, telle qu'elle a été adoptée et expliquée par la confession inaltérée d'Augsbourg et par la décision du synode d'Upsal de 1593.

§ 3. — La Majesté du Roi sera sacrée et vénérée ; ses actes ne pourront donner lieu à aucune critique.

§ 4. — Le Roi gouvernera seul le royaume de la manière prescrite par la présente Constitution ; il devra toutefois, dans les cas ci-dessous déterminés, prendre avis et conseil d'un Conseil d'État, auquel le roi appellera et nommera des hommes capables, expérimentés, intègres, de bonne réputation, Suédois de naissance et professant la pure doctrine évangélique.

§ 5. — Le Conseil d'État se composera de onze membres, parmi lesquels le Roi en désignera un comme Ministre d'État et premier membre du Conseil d'État. Ils devront assister à la discussion de toutes les affaires qui seront traitées au Conseil. Le père et le fils, ou les frères ne peuvent être en même temps membres du Conseil d'État.

1. Cette traduction de la *Regeringsform* est, sauf quelques corrections, celle qu'a donnée M. R. Dareste dans *Les Constitutions modernes*, t. II, 1891.

§ 6. — Huit des membres du Conseil d'État seront chefs de départements, et rapporteurs des affaires de leurs départements respectifs, savoir : Le Ministre des affaires étrangères pour le département de l'extérieur; Un chef du département de la justice; Un pour le département de la défense du pays (guerre), qui sera en même temps conseiller du Roi pour les affaires de commandement militaire de l'armée; Un pour le département de la défense maritime (marine), qui sera en même temps conseiller du Roi pour les affaires de commandement militaire de la flotte; Un pour le département civil (intérieur); Un pour le département de l'agriculture; Un pour le département des finances; Et un pour le département ecclésiastique. — Le détail de la distribution des affaires entre les départements sera déterminé par le Roi, et fera l'objet d'un règlement spécial, promulgué officiellement. — Des trois conseillers d'État sans département, deux au moins devront avoir rempli des fonctions civiles.

§ 7. — Toutes les affaires du gouvernement, à l'exception de celles qui sont mentionnées aux art. 11 et 15, seront rapportées devant le Roi en Conseil d'État et y seront décidées.

§ 8. — Le Roi ne peut prendre aucune décision dans les affaires sur lesquelles le Conseil d'État doit être entendu, qu'en présence de trois au moins des conseillers d'État, outre le rapporteur. Tous les membres du Conseil d'État, lorsqu'ils n'ont pas d'empêchement légitime, doivent assister à toutes les affaires d'importance et de portée particulières, qui, d'après les ordres du jour qui leur sont préalablement communiqués, viennent en délibération au Conseil d'État et touchent à l'administration générale du royaume. Telles sont : les questions et projets relatifs à l'adoption de nouvelles lois générales ; à l'abrogation ou à la modification de celles qui sont en vigueur ; à l'établissement d'une nouvelle organisation des diverses branches de l'administration, et autres de même nature.

§ 9. — Dans toutes les affaires qui seront traitées devant le Roi en Conseil d'État, il sera dressé un procès-verbal. Les membres présents du Conseil d'État ont l'obligation absolue, sous leur responsabilité pour leur avis, et sous les peines dont il sera plus amplement traité aux articles 106 et 107, d'exprimer et d'expliquer leur opinion, qui sera insérée au procès-verbal ; la décision restant toutefois réservée au Roi seul. Si, contre toute apparence, il arrivait que la décision du Roi fût manifestement contraire à la Constitution du royaume ou à la législation générale, il est du devoir des membres du Conseil d'État de faire contre cette décision des représentations énergiques. Celui qui n'a pas fait consigner au procès-verbal d'opinion divergente est responsable de la décision comme s'il avait contribué à y déterminer le Roi.

§ 10. — Avant que les affaires soient rapportées au Roi en Conseil d'État, elles seront préparées par le rapporteur, qui demandera à cet effet tous documents aux administrations compétentes.

§ 11. — Les affaires ministérielles, c'est-à-dire toutes celles qui touchent aux relations du royaume avec les puissances étrangères, seront préparées de la manière que le Roi jugera convenable par le ministre des affaires étrangères, qui est chargé d'en informer le Roi, et de lui en faire le rapport, en présence du ministre d'État et d'un autre des membres du Conseil d'État, ou, si le ministre des affaires étrangères est en même temps ministre d'État, de deux autres membres du Conseil d'État désignés à cet effet. Si le ministre d'État est empêché, le Roi désignera pour le remplacer un autre membre du Conseil d'État. En l'absence du ministre des affaires étrangères, le rapport sera fait par un membre du Conseil d'État qui sera aussi dans ce cas appelé par le Roi. Lorsque le Roi aura pris et fait consigner au procès-verbal l'avis de ces fonctionnaires, dont ils seront responsables, il prendra sa décision en leur présence ; le procès-verbal sera tenu par le membre spécialement désigné à cet effet. Le Roi pourra faire porter à la connaissance du Conseil d'État ce qu'il jugera utile de ces décisions, afin que le Conseil ait aussi quelque information de cette branche du gouvernement. Toutes communications sur les affaires ministérielles, aux puissances étrangères ou aux représentants du Roi à l'étranger, auront lieu, sans égard à la nature de l'affaire, par le ministre des affaires étrangères.

§ 12. — Le Roi a le droit de conclure des traités et alliances avec les puissances étrangères, après avoir, comme il est dit à l'article précédent, entendu à cet égard le ministre d'État, le ministre des affaires étrangères, et un autre membre du Conseil désigné à cet effet, ou si le ministre des affaires étrangères est en même temps ministre d'État, deux autres membres du Conseil d'État spécialement désignés.

§ 13. — Si le Roi veut déclarer la guerre ou conclure la paix, il convoquera tous les membres du Conseil d'État en Conseil extraordinaire, leur exposera les motifs et les circonstances à prendre en considération, et leur demandera leur avis, qu'ils devront donner chacun séparément et faire insérer au procès-verbal sous la responsabilité déterminée à l'article 107. Le Roi a ensuite le droit de prendre et d'exécuter la décision qu'il juge la plus utile à l'État.

§ 14. — Le Roi a le commandement en chef des forces militaires de terre et de mer du royaume.

§ 15. — Les affaires de commandement militaire, c'est-à-dire celles que le Roi dirige immédiatement en qualité de commandant en chef des forces de terre et de mer, seront décidées par le Roi, lorsqu'il gouvernera lui-même, en présence de celui des chefs des départements militaires au département duquel l'affaire appartient. Ce dernier est tenu, sous sa responsabilité, lorsque ces affaires sont traitées, d'exprimer son opinion sur les entreprises décidées par le Roi, et lorsqu'elle ne sera pas d'accord avec la décision du Roi, de faire consigner ses objections et avis dans un procès-verbal dont le Roi certifiera l'exactitude par l'apposition de sa haute signature. Si le dit fonctionnaire juge que les entreprises sont d'une tendance et d'une portée dangereuses, ou qu'elles sont fondées sur des moyens d'exécution incertains ou insuffisants, il devra en outre chercher à persuader au Roi de convoquer en Conseil de guerre, pour en délibérer, deux ou plusieurs des officiers supérieurs présents ; sous réserve, toutefois, du droit du Roi de tenir de cet avis, ou, s'il y donne suite, des opinions du Conseil de guerre consignées au procès-verbal, tel compte que bon lui semblera.

§ 16. — Le Roi doit maintenir et favoriser la justice et la vérité, empêcher et défendre l'iniquité et l'injustice, ne léser ni laisser léser qui que ce soit dans sa personne, son honneur, sa liberté personnelle et ses droits et intérêts, s'il n'est légalement convaincu et condamné, ne depouiller ni laisser dépouiller personne d'aucun bien, meuble ou immeuble, sans instruction et jugement dans les formes prescrites par les lois et statuts de la Suède ; ne violer ni laisser violer la paix du domicile de personne ; ne bannir personne d'un lieu en un autre ; ne contraindre ni laisser contraindre la conscience de personne, mais protéger chacun dans le libre exercice de sa religion, tant que la tranquillité publique n'en est point troublée ou qu'il n'en résulte aucun scandale public. Le Roi fera juger chacun par le juge dont il dépend et d'après la loi.

§ 17. — Le droit de justice du Roi sera délégué à douze jurisconsultes au moins, vingt et un au plus, nommés par lui, qui devront avoir rempli les conditions prescrites par les lois pour remplir les fonctions judiciaires, et qui auront, dans l'exercice de ces fonctions, fait preuve de savoir, d'expérience et d'intégrité. Ils seront appelés conseillers de justice, et constitueront la Haute-Cour du Roi. Leur nombre ne devra pas dépasser douze, tant que le Roi et le Riksdag n'auront pas décidé de la manière prescrite à l'article 87, § 1, que la Haute-Cour devra se diviser en sections; en ce cas, le nombre des conseillers, dans les limites ci-dessus déterminées, et la répartition des affaires entre les sections, seront réglés dans les mêmes formes.

§ 18. — Il appartient aussi à la Haute-Cour de connaître et de prononcer sur tous les recours formés devant le Roi en cassation de jugements passés en forme de chose jugée, ou en relief de la décheance résultant de l'expiration d'un délai légal.

§ 19. — Les demandes d'interprétation de la loi portées au Roi par les tribunaux ou les fonctionnaires, dans les cas qui sont du ressort des tribunaux, seront également portées à la Haute-Cour qui donnera l'interprétation demandée.

§ 20. — En temps de paix, les affaires provenant des

conseils de guerre qui feront l'objet d'un recours au Roi, seront rapportées et décidées à la Haute-Cour. Deux officiers supérieurs, choisis et constitués par le Roi à cet effet, récusables et responsables comme les juges et sans traitement spécial, assisteront à ces affaires à la Haute-Cour, et prendront part au jugement, sans toutefois que le nombre des juges puisse dépasser huit. — En temps de guerre, il est procédé à cet égard suivant les dispositions des lois militaires.

§ 21. — Le Roi a deux voix dans les affaires au rapport et à la discussion desquelles il juge convenable d'assister dans le sein de la Haute-Cour. Toutes les questions d'interprétation de la loi seront soumises au Roi, et ses voix y seront prises et comptées, encore qu'il n'ait pas pris part aux délibérations de la Cour en ce qui les concerne.

§ 22. — Les affaires de moindre importance pourront être examinées et décidées à la Haute-Cour par cinq membres et même par quatre, si tous les quatre sont d'accord ; sur les affaires les plus importantes sept au moins prendront part au jugement. Aucune affaire ne pourra être décidée par plus de huit membres, sauf les cas spéciaux où il en est autrement ordonné conformément aux dispositions de l'article 87, § 1.

§ 23. — Tous les arrêts de la Haute-Cour seront rédigés au nom du Roi et revêtus de sa haute signature ou de son sceau.

§ 24. — La Révision inférieure de justice du Roi sera chargée de préparer les affaires judiciaires, pour être rapportées et décidées à la Haute-Cour.

§ 25. — Le Roi a le droit de faire grâce en matière pénale, de commuer la peine de mort, de réhabiliter et de restituer les biens confisqués ; toutefois, les requêtes à ce sujet doivent être examinées par la Haute-Cour, et la décision du Roi doit être prise en Conseil d'État. Il sera désormais loisible au coupable d'accepter la grâce que le Roi lui accorde, ou de se soumettre à la peine à laquelle il aura été condamné.

§ 26. — Lorsque les affaires judiciaires seront rapportées en Conseil d'État, deux conseillers de justice, outre le chef du département de la justice et deux autres membres du Conseil d'État, devront assister à la délibération et seront tenus de faire consigner leur opinion au procès-verbal comme il est dit à l'article 9.

§ 27. — Le Roi nommera chancelier de justice un jurisconsulte habile et impartial, qui aura exercé des fonctions judiciaires. Il aura pour principale mission, en qualité de procureur général du Roi, d'exercer ou de faire exercer par les procureurs fiscaux placés sous ses ordres, les poursuites au nom du Roi dans les affaires qui touchent à la sûreté générale et au droit de la couronne, ainsi que de surveiller au nom du Roi l'administration de la justice, et, en cette qualité, de poursuivre les fautes commises par les juges et les fonctionnaires.

§ 28. — 1° Il appartient au Roi, en Conseil d'État, de nommer et de promouvoir des Suédois de naissance à tous emplois et fonctions dans le royaume, supérieurs et inférieurs, qui sont de ceux pour lesquels le Roi délivre les brevets ; sauf les présentations qui devront être préalablement faites par qui de droit, comme elles ont eu lieu jusqu'ici. Le Roi pourra cependant, après avoir pris l'avis ou sur la présentation des autorités compétentes, nommer et promouvoir des étrangers d'un mérite distingué, faisant profession de la pure doctrine évangélique, aux fonctions de professeur aux universités, à l'exception pourtant des chaires de théologie, à celles de professeur, ou toutes autres, dans les autres institutions consacrées à la science, aux arts et manufactures, ou aux beaux-arts, ainsi qu'à celles de médecin. De même, le Roi pourra employer au service militaire des étrangers de rares talents, mais qui ne pourront être commandants de forteresses. Dans toutes les nominations, le Roi devra avoir égard au mérite et au talent des candidats, et non à leur naissance. Nul ne peut être nommé aux fonctions ecclésiastiques, ni à aucun emploi emportant obligation de donner l'instruction chrétienne ou d'enseigner la théologie, s'il ne fait profession de la pure doctrine évangélique. Tous les autres emplois et fonctions, sauf l'exception indiquée à l'article 4 concernant les membres du Conseil d'État, peuvent être remplis par des adhérents d'autres confessions chrétiennes, ou même de la religion mosaïque ; toutefois, nul ne peut, s'il n'appartient à la pure doctrine évangélique, participer en qualité de juge ou de titulaire d'une fonction publique à la délibération ou à la décision des affaires relatives au soin de la religion, à l'instruction religieuse ou aux nominations dans le sein de l'église suédoise. Chaque chef de département rapportera et expédiera toutes les affaires relatives aux nominations, promotions, congés et démissions, pour toutes les fonctions et emplois des administrations et services qui relèvent de son département.

2° Le Roi a le droit de conférer la nationalité suédoise à des étrangers par naturalisation, sous les formes et conditions qui seront déterminées par une loi spéciale, rendue de la manière prescrite à l'article 87, § 1. L'étranger ainsi naturalisé jouira des mêmes droits et privilèges qu'un Suédois de naissance, sans pouvoir toutefois être nommé membre du Conseil d'État.

§ 29. — L'archevêque et les évêques seront nommés par le Roi sur une liste de présentation de trois candidats qui lui sera proposée de la manière prescrite par la loi ecclésiastique.

§ 30. — Le Roi nommera, de la manière usitée jusqu'ici, aux fonctions de pasteur dans les cures royales. Les prébendes dites consistoriales seront maintenues avec leur droit d'élection.

§ 31. — Les habitants des villes ayant droit de vote pour les élections au Riksdag, auront le droit de présenter au Roi, pour les emplois de bourgmestre, trois candidats aptes à les remplir, et le Roi en choisira un. Il sera procédé de même pour les charges de conseiller et de secrétaire de l'administration municipale de Stockholm.

§ 32. — Les envoyés auprès des puissances étrangères et le personnel des légations seront nommés par le Roi de la manière prescrite à l'article 11 pour le mode de traiter les affaires ministérielles.

§ 33. — Lorsque les charges pour lesquelles des présentations ont été faites seront conférées par le Roi, les membres du Conseil d'État devront s'exprimer sur les talents et mérites des candidats. Ils auront également le droit de faire d'humbles représentations contre les nominations que le Roi pourra faire à d'autres emplois et fonctions.

§ 34. — Le ministre d'État et le ministre des affaires étrangères seront revêtus de la plus haute dignité du royaume ; les conseillers d'État viendront immédiatement après eux. Les membres du Conseil d'État ne pourront en même temps exercer d'autres fonctions ni en percevoir les émoluments. Les conseillers de justice ne pourront revêtir ni exercer en même temps d'autres fonctions.

§ 35. — Les membres du Conseil d'État, les présidents et les chefs des collèges ou des autres administrations instituées en leur place, le chancelier de justice, les chefs des prisons, de l'arpentage, du trafic des chemins de fer de l'État, des administrations du pilotage, des postes, des télégraphes, des douanes et des forêts, les chefs d'expédition aux départements d'État, le gouverneur, le sous-gouverneur et le maître de police de la capitale, les gouverneurs de provinces, les maréchaux de camp, les généraux et amiraux de tous grades, les adjudants généraux, les adjudants supérieurs, les adjudants d'état-major, les commandants de forteresses, les colonels des régiments, les lieutenants-colonels des régiments de la garde à cheval et à pied et des régiments de gardes du corps, ainsi que les chefs des autres corps de bataillons militaires ayant une organisation distincte, les chefs de l'artillerie et des corps du génie, des ingénieurs et des hydrographes, les ministres, les envoyés et les agents commerciaux auprès des puissances étrangères, ainsi que les fonctionnaires et employés au cabinet du Roi pour la correspondance étrangère, et dans les légations, ont des postes de confiance, dont le Roi peut les destituer quand il le juge nécessaire au bien de l'État. Le Roi communiquera toutefois ses décisions au Conseil d'État, dont les membres seront tenus de lui faire à cet égard d'humbles représentations, s'ils croient en avoir sujet.

§ 36. — Ceux qui occupent des fonctions judiciaires, supérieures ou inférieures, ainsi que tous les fonctionnaires et employés autres que ceux qui sont énumérés à l'article précédent, ne pourront être destitués par le Roi qu'à la suite d'une instruction et d'un jugement, ni promus à d'autres emplois ou déplacés que sur leur demande.

§ 37. — Le Roi a le droit de conférer la noblesse aux hommes qui, par leur fidélité, leur valeur, leur vertu, leur science, leur service et leur zèle, auront particulièrement bien mérité du Roi et du royaume. Le Roi pourra de même, en récompense de grands et éminents services, conférer à des nobles le rang de baron et aux barons celui de comte. La noblesse et les titres de baron et de comte qui seront conférés par la suite ne pourront appartenir qu'à celui qui aura été anobli ou élevé en titre, et après sa mort, en ligne directe descendante, à l'aîné de ses descendants mâles de la branche aînée, après l'extinction de celle-ci au plus proche héritier mâle du chef de la famille, dans la branche aînée survivante, et ainsi de suite. Si la noblesse passe par hérédité à quelqu'un qui l'a déjà reçue lui-même ou qui en a hérité dans une succession plus proche, sa propre noblesse cessera, à moins qu'elle ne soit d'un rang supérieur, auquel cas la noblesse du chef de famille passera à la branche la plus proche ; s'il n'en existe pas, la ligne sera éteinte. Si quelqu'un est déclaré déchu de la noblesse, elle passera à celui qui d'après les règles ci-dessus en est le plus proche héritier. — Le règlement de l'ordre de la noblesse, qui sera arrêté de concert par le Roi et la noblesse, prescrira le mode de réunion de la noblesse pour décider des affaires communes.

§ 38. — Tous les actes et tous les ordres émanés du Roi, sauf en matière de commandement militaire, doivent, pour être valables, être revêtus de la signature du Roi et contresignés de celui des rapporteurs que le sujet concerne, lequel sera responsable de la conformité avec l'original au registre. Les chefs de départements pourront adresser immédiatement à qui de droit toutes prescriptions et instructions pour l'exécution des décisions prises. Si le rapporteur jugeait quelque décision du Roi contraire à cette Constitution, il devrait lui faire à ce sujet des représentations en Conseil d'État ; si toutefois le Roi insiste pour que cette décision soit expédiée, il sera du droit et du devoir du rapporteur d'y refuser son contre-seing et de se démettre en conséquence de sa charge, pour ne la reprendre que lorsque sa conduite aura été examinée et approuvée par le Riksdag. Provisoirement, il conservera son traitement et les autres émoluments attachés à sa charge.

§ 39. — Si le Roi veut voyager hors de Suède et de Norvège, il fera part de son dessein au Conseil d'État in pleno et prendra son avis comme il est dit à l'article 9. Si ensuite le Roi se décide à ce voyage et l'exécute, il ne s'occupera point du gouvernement, et n'exercera point le pouvoir royal, tant qu'il séjournera hors de ses royaumes ; le royaume sera gouverné, pendant l'absence du Roi, en son nom, par le prince héritier présomptif du trône, s'il a atteint l'âge fixé à l'article 41. Ce prince gouvernera comme Régent, avec tous les pouvoirs et l'autorité royale, conformément à la présente Constitution ; toutefois il ne pourra conférer les rangs et titres nobiliaires, ni élever au rang de comte ou de baron, ni accorder des ordres ; de même, tous les postes de confiance vacants ne pourront être remplis que provisoirement par ceux que le Régent y nommera. S'il n'existe aucun prince appelé à l'hérédité du trône, ou si l'héritier présomptif n'a pas atteint la majorité déterminée à l'article 41, ou s'il est empêché par maladie ou par absence hors de Suède et de Norvège, de prendre le gouvernement, le Conseil d'État gouvernera avec les mêmes pouvoirs que le Régent. Les mesures à prendre pour le cas où le Roi demeure hors du royaume plus de douze mois seront déterminées à l'article 91.

§ 40. — Si le Roi tombe malade au point de ne pouvoir prendre soin des affaires du gouvernement, il sera procédé comme il est dit à l'article précédent.

§ 41. — Le Roi sera majeur à dix-huit ans accomplis. Il en sera de même du prince héritier présomptif. Si le Roi vient à mourir avant que l'héritier du trône ait atteint cet âge, le Conseil d'État gouvernera, conformément à l'article 39, au nom du Roi, jusqu'à ce que le Riksdag se réunisse et que les tuteurs nommés par le Riksdag aient pris le gouvernement ; le Conseil d'État se conformera d'ailleurs absolument à la présente Constitution.

§ 42. — Si le malheur voulait que toute la dynastie

royale à laquelle est réservé le droit de succession au trône vînt à s'eteindre dans la ligne masculine, le Conseil d'État gouvernerait de même, avec les pouvoirs déterminés à l'article 39, jusqu'à ce que le Riksdag pût se réunir et faire choix d'une nouvelle dynastie, et que le Roi élu eût pris le gouvernement.

§ 43. — Si le Roi part pour la guerre, ou s'il voyage dans les contrées reculées du royaume ou dans le royaume de Norvège, il désignera trois membres du Conseil d'État, sous la présidence d'un prince de sa famille ou d'un conseiller d'État, qu'il nommera à cet effet, pour exercer le gouvernement dans les affaires qu'il prescrira. Pour les affaires que le Roi décidera lui-même, il sera procédé comme il est dit à l'article 8. — Ce qui vient d'être dit du Roi s'appliquera aussi au Régent, quand le gouvernement sera exercé par lui.

§ 44. — Aucun prince de la famille royale, prince royal, prince héritier ou autre, ne peut se marier qu'au su et du consentement du Roi. S'il enfreint cette règle, il perdra tout droit héréditaire pour lui, ses enfants et ses descendants.

§ 45. — Ni le prince royal et héritier de Suède, ni les princes de la famille royale n'auront de douaire ni de fonctions civiles ; toutefois, il pourra leur être conféré, d'après les anciens usages, des titres de duchés et de principautés, sans aucun droit sur les pays dont ils porteront le nom.

§ 46. — Le pays restera divisé en gouvernements, sous l'autorité des administrations provinciales ordinaires. Il ne pourra plus être institué à l'avenir de gouverneur général dans le royaume.

§ 47. — Les Cours royales et tous les autres tribunaux jugeront conformément aux lois et statuts légaux : les collèges administratifs du royaume, les administrations provinciales et toutes les autres, ainsi que les fonctionnaires supérieurs et inférieurs administreront les affaires qui concernent leur charge conformément aux instructions, règlements et prescriptions déjà rendus ou à ceux qui pourront être rendus par la suite ; ils obéiront aux ordres et commandements du Roi, et se prêteront la main mutuellement pour les exécuter, ainsi que pour tout ce que le bien de l'État pourra exiger, tout en demeurant responsables envers le Roi, dans les termes de la loi, de leurs négligences ou omissions ou de l'illégalité de leurs actes.

§ 48. — La Cour du Roi est sous sa direction particulière; il pourra à cet égard disposer ce que bon lui semblera. Le Roi pourra conférer et retirer à sa guise les charges de la Cour.

§ 49. — Le Riksdag représente le peuple suédois. Les droits et obligations que les lois en vigueur attribuent aux États généraux du royaume seront désormais attribués au Riksdag. Il se divise en deux Chambres, dont les membres sont élus de la manière déterminée par la loi organique du Riksdag. Les Chambres ont sur toutes les questions la même compétence et la même autorité. Le Riksdag devra, en vertu de la présente Constitution, se réunir en session ordinaire le 15 janvier de chaque année, ou si ce jour tombe un jour férié, le jour suivant. Le Roi pourra toutefois convoquer le Riksdag en session extraordinaire dans l'intervalle de deux sessions ordinaires. — Il ne peut être traité en session extraordinaire que les affaires qui ont donné lieu à la convocation du Riksdag ou celles qui lui sont d'ailleurs soumises par le Roi, et tout ce qui se rattache à ces affaires d'une manière inséparable.

§ 50. — Le Riksdag se réunira dans la capitale du royaume, sauf dans les cas où l'approche de l'ennemi, une peste ou quelque autre obstacle également grave le rendrait impossible ou dangereux pour sa liberté et sa sûreté. En pareil cas, le Roi, après s'être concerté avec les délégués élus par le Riksdag à la Banque et à la Caisse de la dette publique, désignera et fera connaître un autre lieu de réunion.

§ 51. — Dans les cas où le Roi, le Régent ou le Conseil d'État convoqueront le Riksdag, l'époque de la réunion sera fixée après le 7e jour et avant le 20e à partir de celui où la convocation aura été publiée dans le journal officiel.

§ 52. — Les présidents et vice-présidents des Chambres seront nommés par le Roi,

§ 53. — En session ordinaire, le Riksdag nommera, pour la préparation des affaires, les Comités suivants : un Comité de constitution, pour faire et recevoir les propositions relatives à la modification des lois constitutionnelles et pour en donner son avis au Riksdag, ainsi que pour examiner les procès-verbaux tenus au Conseil d'État ; Un Comité des finances, pour examiner et exposer au Riksdag la situation, l'administration et les besoins du trésor et de la dette publique: un Comité des subsides, pour traiter les questions de subsides ; un Comité de la banque, pour surveiller la gestion et la situation de la banque, et prescrire les mesures relatives à son administration ; enfin un Comité de législation, pour élaborer les projets d'amélioration des lois civiles, criminelles, communales et ecclésiastiques qui lui sont envoyés par les Chambres. — En session extraordinaire le Riksdag ne pourra nommer plus de comités qu'il ne sera nécessaire pour la préparation des affaires qui lui seront soumises.

§ 54. — Si le Roi demande au Riksdag des délégués spéciaux pour conférer avec lui sur des affaires qu'il croit devoir tenir secrètes, ces délégués seront élus par les Chambres ; cependant ils n'auront droit de prendre aucune décision, mais seulement de faire connaître au Roi leur avis sur les affaires qu'il leur communiquera. Ils prêteront serment de garder le secret, si le Roi l'exige.

§ 55. — Le Riksdag, les Chambres ni aucun Comité du Riksdag ne peuvent discuter ni décider aucune affaire en présence du Roi.

§ 56. — La loi organique du Riksdag déterminera les formes dans lesquelles les propositions du Roi, ou les motions faites par les députés dans le sein des Chambres, seront discutées et décidées.

§ 57. — Le droit immémorial du peuple suédois de s'imposer lui-même sera exercé par le Riksdag seul. — Les lois communales, qui seront faites en commun par le Roi et le Riksdag, détermineront dans quelle mesure les communes pourront s'imposer pour leurs besoins spéciaux.

§ 58. — A chaque session ordinaire, le Roi fera présenter au Riksdag un état de la situation financière dans toutes parties, recettes et dépenses, créances et dettes. Si, à raison des traités avec les puissances étrangères, quelque ressource revenait à l'État, il en serait rendu compte de la même manière.

§ 59. — Comme annexe à l'état de la situation et des besoins du trésor, le Roi présentera au Riksdag un projet relatif aux moyens de pourvoir par des subsides aux besoins de l'État qui excèdent ses revenus ordinaires.

§ 60. — Sont compris dans les subsides les droits de douane et d'accise, les taxes postales, le timbre, les droits sur l'eau-de-vie [fabriquée à domicile], et en outre l'impôt direct sur les immeubles et sur le revenu qui sera établi spécialement à chaque session par le Riksdag. Aucun impôt général, quels qu'en soient le nom et la nature, ne pourra être augmenté sans le consentement du Riksdag, à l'exception des droits à l'entrée et à la sortie des céréales. Le Roi ne pourra non plus affermer les revenus de l'État, ni établir de monopoles pour son profit ou pour celui de l'État, de particuliers ou de corporations.

§ 61. — Tous les impôts que le Riksdag aura consentis sous les dénominations mentionnées à l'article précédent, seront perçus jusqu'à la fin de l'année au cours de laquelle le Riksdag aura voté le nouveau subside.

§ 62. — Il appartiendra au Riksdag, après constatation des besoins financiers, de consentir un subside pour y faire face, et de déterminer en même temps l'affectation à chaque objet particulier des différentes sommes à en provenir, et de porter ces sommes au budget sous des chapitres distincts.

§ 63. — En outre, il devra être constitué pour les cas imprévus, deux fonds spéciaux suffisants, qui seront fournis par la Caisse de la dette publique : l'un deviendra disponible, lorsque le Roi, après avoir pris l'avis du Conseil d'État entier, jugera absolument indispensable d'en user pour la défense du royaume ou pour tout autre objet d'importance et d'urgence majeures ; l'autre sera employé par le Roi, en cas de guerre, après avoir entendu le Conseil d'État in pleno et convoqué le Riksdag. L'assignation cachetée, que le Riksdag aura donnée sur ce dernier fonds, ne pourra être ouverte, ni la somme payée par les commissaires de la Caisse de la dette publique, avant que la convocation du Riksdag ait été publiée dans le journal officiel.

§ 64. — Les revenus et ressources ordinaires de l'État, ainsi que les impositions qui seront votées par le Riksdag, comme il est dit ci-dessus, pour les besoins du trésor, sous le nom de subsides ou contributions extraordinaires, seront à la disposition du Roi, pour être employés à satisfaire aux besoins reconnus par le Riksdag d'après le budget.

§ 65. — Ces ressources ne pourront être employées autrement qu'il n'a été prescrit ; les membres du Conseil d'État seront responsables s'ils permettent une infraction à cette règle sans avoir fait consigner au procès-verbal leurs représentations, en rappelant les prescriptions du Riksdag en cette partie.

§ 66. — La Caisse de la dette publique restera sous la direction, le contrôle et l'administration du Riksdag, et, comme le Riksdag répond de la dette de l'État, que le comptoir administre, le Riksdag, après avoir dûment examiné la situation et les besoins de la Caisse, fournira, par un subside spécial, les ressources qui seront jugées indispensables pour le paiement de cette dette en intérêt et capital, afin de maintenir et de préserver le crédit de l'Etat.

§ 67. — Le délégué du Roi près la Caisse de la dette publique n'assistera aux réunions des commissaires que lorsque ceux-ci exprimeront le désir de conférer avec lui.

§ 68. — Les fonds appartenant ou affectés à l'administration de la dette publique ne pourront, sous aucun prétexte ni à aucune condition, en être distraits, ou être employés à d'autres besoins qu'à ceux qui auront été déterminés par le Riksdag. Toute disposition qui serait prise contrairement à cette règle sera nulle.

§ 69. — Lorsque les propositions du Comité des finances, relatives à l'établissement du budget ou à l'ensemble des subsides calculés en conséquence, ou aux dépenses et recettes de la Caisse de la dette publique, ou aux principes de direction et d'administration de cette Caisse, viendront en délibération au Riksdag, il sera procédé d'après les règles prescrites par la loi organique du Riksdag pour la discussion des projets présentés par ce comité. Si les Chambres prennent des résolutions différentes et que la conciliation n'ait pu se faire, chaque Chambre votera séparément sur les résolutions que chacune aura déjà adoptées; et l'avis qui réunira le plus de voix, en comptant celles des deux Chambres, vaudra comme résolution du Riksdag.

§ 70. — Lorsque les Chambres auront pris des résolutions différentes sur les règlements pour la Banque du royaume ou sur les recettes et dépenses de la dite Banque ou sur décharge pour les commissaires, elles voteront chacune séparément comme il est dit à l'article précédent.

§ 71. — Il sera procédé de la même manière lorsque les Chambres ne s'accorderont point sur les bases, le mode d'application et de répartition d'un subside.

§ 72. — La Banque du royaume demeure sous la garantie du Riksdag et elle sera administrée par des commissaires nommés à cet effet, conformément à la loi faite par le Roi et le Riksdag. — Les commissaires de la Banque du royaume seront au nombre de sept, sur lesquels le Roi en désignera un pour trois ans de suite, plus un suppléant ; les six autres, avec trois suppléants, seront choisis par le Riksdag suivant la manière et pour la durée prescrites par la loi organique du Riksdag. Le membre ordinaire nommé par le Roi sera le président des dits commissaires, mais il ne doit pas exercer d'autre fonction dans la direction de la Banque du royaume. Tout commissaire à qui le Riksdag aura refusé de donner décharge devra se démettre de ses fonctions. Les ordonnances faites par le Roi relativement à son commissaire ou au suppléant de celui-ci seront rapportées lorsque le Roi le jugera à propos. — La Banque du royaume a seule le droit d'émettre des billets qui seront reçus comme monnaie dans le royaume. Ces billets seront remboursés par la Banque sur présentation, d'après leur valeur nominale et en or.

§ 73. — Aucune imposition, aucune levée d'hommes, d'argent ni d'objets mobiliers ne pourra désormais être ordonnée, exécutée ni exigée que du libre consentement et autorisation du Riksdag, dans les formes ci-dessus prescrites.

§ 74. — A partir du jour où, suivant la décision du Roi dans son Conseil et après publication de la convocation du Riksdag, les forces militaires du royaume ou une partie de ces forces sont mises sur le pied de guerre soit pour maintenir la neutralité du royaume au cas où dans une guerre entre des puissances étrangères la dite neutralité se trouverait menacée ou violée, soit pour repousser une attaque imminente ou déjà commencée, et jusqu'au jour où les troupes seront remises sur le pied de paix, le Roi pourra, dans les formes, aux conditions et suivant les règles de responsabilité matérielle qui seront fixées dans une loi spéciale faite conjointement par le Roi et le Riksdag, faire exiger des communes ou des particuliers les objets ou services que pourra fournir la région, qui seront nécessaires à l'entretien et à la subsistance des troupes et que celles-ci ne pourraient pas se procurer d'autre façon avec une rapidité suffisante.

§ 75. — Le taux annuel des mercuriales sera établi par des commissaires élus de la manière prescrite spécialement par le Riksdag ; ce que ces commissaires auront décidé à cet égard servira de règle, à moins que la modification de leur décision n'ait été demandée et obtenue dans les formes légales.

§ 76. — Le Roi ne peut, sans le consentement du Riksdag, contracter d'emprunts à l'intérieur ni à l'étranger, ni grever l'État de nouvelles dettes.

§ 77. — Les domaines et les fermes de l'État, avec les terres et immeubles qui en relèvent, les forêts, bois, parcs, prairies de l'État, les prairies affectées aux écuries royales, les pêcheries de saumon et autres, ainsi que tous autres immeubles de l'État, ne pourront être vendus, engagés, donnés par le Roi, ni aliénés d'aucune autre manière, sans le consentement du Riksdag. Ils seront administrés d'après les principes qui seront établis par le Riksdag. Toutefois, les particuliers et les communes qui, d'après les lois en vigueur, sont en possession ou en jouissance de biens de l'État de cette espèce, jouiront de leurs droits conformément à la loi, et tous les terrains défrichés ou susceptibles de l'être dans les forêts de l'État pourront être vendus à charge de redevance dans les formes habituelles, suivant les lois en vigueur ou à venir.

§ 78. — Aucune portion du royaume n'en pourra être détachée par vente, engagement, donation, ou d'aucune autre manière.

§ 79. — 1° Aucune modification du blason ou du pavillon du royaume ne pourra avoir lieu sans le consentement du Riksdag. — 2° Ne pourra non plus avoir lieu aucune modification du titre et du poids de la monnaie de l'État, soit en plus, soit en moins, sans le consentement du Riksdag; sans pourtant qu'il soit porté aucune atteinte au droit du Roi de battre monnaie.

§ 80. — L'armée de terre, cavalerie et infanterie, et l'armée de mer, resteront organisées d'après les contrats passés avec les villes et les campagnes, et conformément au système de répartition, dont les principes fondamentaux ne pourront subir aucun changement, jusqu'à ce que le Roi et le Riksdag jugent nécessaire d'y faire de concert quelque modification; aucune nouvelle conscription ni aucune aggravation de celle qui existe ne pourra être établie que par une décision commune du Roi et du Riksdag. — Si une loi spéciale abolit le système de répartition et pose d'autres principes pour l'organisation de l'armée de terre et de mer, cette loi ne pourra être modifiée que d'accord par le Roi et les Chambres.

§ 81. — La présente Constitution, ainsi que les autres lois constitutionnelles du royaume, ne pourront être modifiées ni abrogées que par décision du Roi et du Riksdag en deux sessions ordinaires. — Les décisions du Riksdag sur les questions constitutionnelles proposées par le Roi lui seront notifiées de la manière prescrite par la loi organique du Riksdag. Si le Riksdag adopte une proposition de modification faite dans son sein, sa décision sera soumise au Roi. Le Roi prendra en ce cas, avant la clôture de la session, l'avis du Conseil d'État entier sur la question, et fera connaître au Riksdag, dans la salle du trône, son consentement ou les motifs qui le portent à le refuser.

§ 82. — Toute décision du Riksdag sanctionnée par le Roi, ou toute proposition du Roi adoptée par le Riksdag en matière de modification aux lois constitutionnelles, aura force de loi constitutionnelle.

§ 83. — Il ne pourra être donné à l'avenir aucune interprétation des lois constitutionnelles, si ce n'est de la manière prescrite pour la modification de ces mêmes lois.

§ 84. — Les lois constitutionnelles seront appliquées, dans chaque cas particulier, d'après leur sens littéral.

§ 85. — Seront considérées comme lois constitutionnelles, la présente Constitution, la loi organique du Riksdag, la loi organique de succession et la loi sur la liberté de la presse, adoptées de concert par le Riksdag et par le Roi, conformément aux principes posés par la présente Constitution.

§ 86. — Par liberté de la presse, il faut entendre le droit de tout Suédois de publier des écrits sans aucun obstacle préalable de la part de l'autorité publique, de ne pouvoir ensuite être poursuivi, à raison du contenu de ces écrits, que devant les Tribunaux compétents, et de ne pouvoir être puni pour ce fait que dans le cas où le contenu en est contraire à une loi formelle, établie pour garantir la paix publique sans empêcher la propagation des lumières. Tous actes et procès-verbaux, sur quelque objet que ce soit, à l'exception des procès-verbaux tenus au Conseil d'État et devant le Roi dans les affaires ministérielles et de commandement militaire, peuvent être, sans restrictions, publiés par la voie de la presse. Ne pourront être imprimés les actes et procès-verbaux de l'Administration de la Banque ou de la dette publique, concernant des affaires qui doivent être tenues secrètes.

§ 87. — 1° Il appartient au Riksdag, de concert avec le Roi, de faire les lois générales civiles et criminelles, et les lois criminelles militaires, et de changer et modifier celles qui ont été faites antérieurement. Le Roi ne peut, sans le consentement du Riksdag, ni le Riksdag sans celui du Roi, faire aucune loi nouvelle ni en abroger une ancienne. Il pourra être fait à ce sujet, dans le sein des Chambres, des motions dont le Riksdag décidera après avoir entendu le Comité de législation. Si le Riksdag adopte pour sa part quelque loi nouvelle, ou la modification ou l'abrogation d'une loi existante, le projet en sera présenté au Roi, qui prendra, à cet égard, l'avis du Conseil d'État et celui de la

Haute-Cour, et après avoir arrêté sa décision, communiquera au Riksdag ou son assentiment à sa requête ou les motifs de son refus. Si le Roi ne peut arrêter et communiquer sa décision avant la clôture de la session, il pourra, avant l'ouverture de la session suivante, sanctionner le projet tel qu'il est conçu, mot pour mot, et le faire promulguer. S'il ne le fait pas, le projet sera considéré comme écarté, et le Roi informera le Riksdag à sa première réunion des motifs qui l'ont empêché de l'approuver. Si le Roi juge à propos de soumettre au Riksdag quelque proposition de loi, il demandera l'avis du Conseil d'État et celui de la Haute-Cour sur cette proposition et la communiquera, avec ses avis, au Riksdag qui en délibérera comme il est indiqué dans la loi organique.

2° Il appartiendra aussi au Riksdag, de concert avec le Roi, de modifier ou d'abroger les lois ecclésiastiques, mais le consentement du Synode général sera également requis à cet effet. Sur les projets de loi de cette nature, les avis du Conseil d'État et de la Haute-Cour seront compris comme il est dit au 1er alinéa et communiqués au Riksdag avec la proposition du Roi, lorsqu'il en prendra l'initiative. Si les projets en question n'ont pas été promulgués comme lois avant l'ouverture de la première session qui suit celle où ils auront été votés et adoptés, ils seront écartés, et le Roi informera le Riksdag des motifs qui l'auront empêché de les approuver.

§ 88. — Pour l'interprétation des lois civiles, criminelles et ecclésiastiques, il sera procédé comme pour la confection de ces lois. Les interprétations que le Roi donnera, par l'organe de la Haute-Cour, dans l'intervalle des sessions du Riksdag, en réponse aux questions qui auront été soumises sur le véritable sens de la loi, pourront être infirmées par le Riksdag à sa première session, ou, si l'interprétation a trait à une matière relevant des lois ecclésiastiques, par le premier Synode général qui se réunira après que la décision interprétative aura été rendue. Ces interprétations, ainsi infirmées, perdront toute valeur et ne pourront plus être observées ni invoquées par les Tribunaux.

§ 89. — Il pourra être fait, dans le sein des Chambres du

Riksdag, des motions tendant à la modification, à l'interprétation et à l'abrogation des lois et ordonnances qui ont trait à l'économie générale du royaume, à l'établissement de nouvelles lois de ce genre, et aux principes d'organisation de toutes les administrations publiques. Toutefois, le Riksdag n'aura pas le droit, en pareille matière, de décider autre chose ou plus que des propositions ou des vœux destinés à être présentés au Roi, auxquels le Roi, le Conseil d'État entendu, aura tel égard qu'il jugera utile au bien du royaume. Si le Roi consent à charger le Riksdag de résoudre de concert avec lui quelque question relative au gouvernement général du royaume, il sera procédé de la manière prescrite à l'article 87, alinéa 1, pour les motions relatives aux lois générales.

§ 90. — Il ne pourra être soumis aux délibérations du Riksdag, des Chambres, ni des Comités, autrement que dans les cas et dans les formes littéralement prescrites par les lois constitutionnelles, aucune question relative à la nomination et à la destitution des fonctionnaires, aux décisions, mutations et arrêtés des pouvoirs exécutif ou judiciaire, aux droits des particuliers, des corporations, ou à l'exécution de quelque loi, statut ou règlement.

§ 91. — Dans le cas prévu à l'article 39, où le Roi, après avoir entrepris un voyage, resterait plus de douze mois hors du royaume, le Régent, ou le Conseil d'État, quand il gouvernera, réunira le Riksdag par convocation officielle et fera publier cette convocation dans les quinze jours qui suivront l'expiration du terme susdit, dans le journal officiel. Lorsque le Roi en aura été informé, si néanmoins il ne revient pas dans le royaume, le Riksdag prendra, sur le gouvernement de l'État, les dispositions qu'il jugera les plus utiles.

§ 92. — Il en sera de même si une maladie du Roi se prolonge au point de l'empêcher pendant plus de douze mois de s'occuper des affaires du gouvernement.

§ 93. — Lorsque le Roi vient à mourir et que l'héritier du trône est encore mineur, le Conseil d'État doit convoquer le Riksdag et faire publier cette convocation dans les quinze jours après la mort du Roi, dans le journal officiel. Il appartiendra au Riksdag, sans avoir égard à aucun testament du Roi défunt concernant le gouvernement, de désigner un, trois ou cinq tuteurs qui exerceront le gouvernement au nom du Roi jusqu'à sa majorité, conformément à la présente Constitution.

§ 94. — Si le malheur voulait que la dynastie à laquelle est réservé le droit de succession au trône vînt à s'éteindre en ligne masculine, le Conseil d'État convoquerait le Riksdag dans le délai déterminé à l'article précédent après la mort du dernier Roi, afin d'élire une nouvelle dynastie, en conservant la présente Constitution.

§ 95. — Si, contre toute attente, le Régent ou le Conseil d'État omettait de convoquer immédiatement le Riksdag dans les cas déterminés aux quatre articles précédents, il serait du devoir absolu des Cours royales d'en donner avis par voie de publications officielles, afin de permettre au Riksdag de se réunir pour aviser à la défense de ses droits et de ceux de l'État. Le Riksdag s'assemblera en pareil cas le vingtième jour après celui où le Régent ou le Conseil d'État aurait dû, au plus tard, faire publier la dite convocation.

§ 96. — A chaque session ordinaire, le Riksdag désignera un jurisconsulte de science éprouvée et d'intégrité particulière, en qualité de procureur du Riksdag, chargé, d'après les instructions que le Riksdag lui donnera, de surveiller l'exécution des lois par les juges et fonctionnaires, et de poursuivre par les voies légales, devant les Tribunaux compétents, ceux qui dans l'exercice de leurs fonctions, par faveur, partialité ou tout autre motif, auront commis quelque illégalité ou négligé de remplir convenablement les devoirs de leurs fonctions. Il restera toutefois soumis à tous égards à la même responsabilité, et tenu aux mêmes devoirs que le Code de procédure prescrit pour les accusateurs publics.

§ 97. — Ce procureur de justice du Riksdag, qui pendant toute la durée de ses fonctions, tiendra le même rang à tous égards que le chancelier de justice du Roi, sera élu de la manière déterminée par la loi organique du Riksdag ; il sera également choisi une personne réunissant toutes les qualités exigées pour la fonction elle-même, pour lui succéder au cas où il viendrait à décéder avant que le Riksdag eût procédé, à la première session ordinaire, à une nouvelle élection, comme aussi pour le suppléer quand il sera empêché d'exercer ses fonctions par maladie grave ou par quelque autre obstacle légitime.

§ 98. — Dans le cas où le procureur de justice du Riksdag, au cours de la session, viendrait à se démettre de ses fonctions ou à mourir, le Riksdag devrait nommer aussitôt à sa place la personne qui a été désignée pour lui succéder. Si le successeur désigné du procureur du Riksdag, au cours de la session, vient à résigner son mandat, ou à prendre les fonctions de procureur, ou à mourir, il sera élu à sa place, de la manière ci-dessus déterminée, une personne remplissant les conditions voulues. Si l'un ou l'autre de ces cas se présente dans l'intervalle des sessions, les droits du Riksdag à cet égard seront exercés par les commissaires à la Banque et à la Caisse de la dette publique élus par le Riksdag.

§ 99. — Le procureur du Riksdag pourra, lorsqu'il le jugera utile, assister aux délibérations et résolutions de la Haute-Cour, de la Révision inférieure de justice, des Cours d'appel, des Collèges administratifs ou des Administrations établies à leur place, et de tous les Tribunaux inférieurs, sans avoir toutefois le droit d'y exprimer son avis ; il pourra également prendre connaissance des procès-verbaux et actes de tous les Tribunaux, Collèges et autres Administrations publiques. Les fonctionnaires de l'État, en général, seront tenus de prêter main-forte au procureur du Riksdag et tous les procureurs fiscaux de l'assister, lorsqu'il le requerra, par l'exercice de poursuites.

§ 100. — Le procureur du Riksdag sera tenu, à chaque session ordinaire, de rendre compte au Riksdag de la manière dont il a rempli les fonctions qui lui étaient confiées et d'exposer, dans son rapport, l'état de l'administration de la justice dans le royaume, en signalant les défauts de la législation et en proposant des projets pour l'améliorer.

§ 101. — Si, contre toute attente, la Haute-Cour tout

entière, ou l'un ou quelques-uns de ses membres, par intérêt personnel, iniquité ou négligence, venaient à rendre un arrêt à ce point injuste, que contre le texte précis de la loi et l'évidence de faits légalement établis, quelque personne en subît ou encourût la perte de la vie, de la liberté personnelle, de l'honneur et des biens, le procureur du Riksdag sera tenu, et le chancelier de justice aura le droit, de mettre le coupable en accusation devant la Cour ci-dessous indiquée, et de poursuivre sa condamnation conformément aux lois du royaume.

§ 102. — Cette Cour, qui portera le nom de Cour du royaume, sera composée en pareil cas du président de la Cour d'appel de Stockholm comme président, des présidents de tous les Collèges administratifs du royaume, des quatre plus anciens conseillers d'État, du commandant en chef des troupes en garnison dans la capitale, du commandant présent le plus élevé en grade de l'escadre de la flotte en station dans la capitale, des deux plus anciens conseillers de la Cour d'appel de Stockholm, et du plus ancien conseiller de chacun des Collèges administratifs. Lorsque le chancelier de justice ou le procureur du Riksdag croira avoir sujet de poursuivre la Haute-Cour en entier ou des membres de la dite Cour devant la Cour du royaume, il requerra du président de la Cour d'appel de Stockholm, en sa qualité de président de la Cour du royaume, de faire citer dans les formes légales celui ou ceux qui devront être mis en accusation. Le président de la Cour d'appel prendra ensuite ses mesures pour la convocation de la Cour du royaume, afin de délivrer la citation et d'engager la procédure dans les formes légales. Si, contre toute attente, il omettait de le faire, ou que quelqu'un des autres fonctionnaires ci-dessus mentionnés se dispensât de siéger à la Cour du royaume, ils encourront les peines établies par la loi pour cette négligence volontaire des devoirs de leurs fonctions. Si l'un ou plusieurs des membres de la Cour du royaume sont légitimement empêchés, ou si quelqu'un d'entre eux est légalement reprochable, la Cour sera néanmoins en état de juger si douze membres sont présents. Si le président de la Cour d'appel est légitimement excusé ou reproché, il sera remplacé par le président le plus ancien en fonctions. Après la clôture de l'instruction, lorsque la Cour aura rendu son arrêt conformément à la loi, elle le prononcera en audience publique. Nul n'aura le pouvoir d'infirmer cet arrêt, sous réserve toutefois du droit du Roi de faire grâce, mais sans que cette grâce puisse s'étendre jusqu'à la réintégration du condamné dans le service de l'État.

§ 103. — Le Riksdag nommera tous les trois ans, en session ordinaire, de la manière déterminée par la loi organique, une commission chargée de décider si tous les membres de la Haute-Cour ont mérité d'être maintenus dans leurs importantes fonctions, ou si quelques-uns d'entre eux, sans être convaincus des crimes et fautes dont il est traité à l'article précédent, donnent néanmoins sujet d'être privés de l'exercice du droit de rendre la justice. Si cette commission, après avoir voté dans les formes prescrites par la loi organique du Riksdag, décide que l'un ou quelques-uns des membres de la Haute-Cour doivent être réputés avoir perdu la confiance du Riksdag, ce membre ou ces membres seront destitués par le Roi sur le rapport qui lui en sera fait par le Riksdag. Toutefois, le Roi accordera à chacun d'eux une pension annuelle de la moitié de leur traitement.

§ 104. — Le Riksdag ne pourra se livrer à aucun examen particulier des décisions de la Haute-Cour, ni la commission à aucune délibération générale à ce sujet.

§ 105. — Le Comité de constitution du Riksdag, en session ordinaire, aura le droit de se faire représenter les procès-verbaux tenus au Conseil d'État, à l'exception de ceux qui sont relatifs aux affaires ministérielles et de commandement militaire, et dont la communication ne pourra être requise que pour les parties qui touchent à des faits connus du public et indiqués par le Comité.

§ 106. — Si le Comité constate, à la lecture de ces procès-verbaux, qu'un membre du Conseil d'État, un rapporteur commis pour la circonstance, ou le fonctionnaire qui a conseillé le Roi dans une affaire de commandement militaire, a manifestement agi contre la Constitution ou la loi générale, qu'il en a conseillé la violation, qu'il a omis de faire des représentations contre cette violation, ou qu'il l'a provoquée ou favorisée en dissimulant à dessein quelque éclaircissement, ou que le rapporteur a omis de refuser son contre-seing à la décision royale dans les cas prévus par l'article 38 de la présente Constitution, le Comité de constitution le fera mettre en accusation par le procureur du Riksdag devant la Cour du royaume, où siègeront en ce cas les quatre plus anciens conseillers de justice au lieu des conseillers d'État ; il sera procédé d'ailleurs comme il est prescrit aux articles 101 et 102 pour les poursuites contre la Haute-Cour. Lorsque les membres du Conseil d'État ou les conseillers du Roi en matière de commandement militaire se seront rendus coupables des faits ci-dessus mentionnés, la Cour du royaume les jugera d'après la loi générale et les dispositions spéciales qui seront établies par le Roi et le Riksdag pour déterminer leur responsabilité.

§ 107. — Si le Comité de constitution constate que les membres du Conseil d'État, ou que l'un ou quelques-uns d'entre eux, en donnant leur avis sur les mesures à prendre pour le bien de l'État, n'ont point eu en vue les véritables intérêts du royaume, ou que quelque rapporteur a manqué d'impartialité, de zèle, d'habileté ou d'activité dans l'accomplissement des devoirs de cet acte de confiance, le Comité en fera part au Riksdag qui pourra, s'il le juge nécessaire au bien du royaume, exprimer au Roi, par écrit, le vœu que celui ou ceux qui auront donné matière à grief soient destitués et sortent du Conseil d'État. — Il pourra être fait des motions à ce sujet dans les Chambres du Riksdag, qui pourront aussi en être saisies par d'autres Comités que le Comité de constitution, mais le Riksdag ne pourra en décider qu'après avoir entendu ce dernier Comité. Dans les délibérations du Riksdag sur cette matière, les décisions du Roi sur des affaires relatives aux droits et intérêts des particuliers ou des corporations ne pourront pas même être mentionnées, et encore moins soumises à la discussion du Riksdag. — Tout ce que le Riksdag, après examen, aura approuvé ou laissé sans observation, sera réputé avoir obtenu décharge en ce qui touche les points examinés ; aucun nouvel examen de nature à entraîner une responsabilité ne pourra être fait dans une nouvelle session sur la même affaire ; toutefois, malgré le contrôle général de l'emploi des revenus publics, opéré par le Comité ou les réviseurs du Riksdag, les fonctionnaires seront tenus, chacun en ce qui le concerne, de procéder à la révision particulière qu'il leur appartient de faire à raison de leurs fonctions.

§ 108. — Le Riksdag nommera tous les trois ans, en session ordinaire, de la manière prescrite par la loi organique, six commissaires, de science et d'expérience reconnues, pour veiller sur la liberté de la presse, conjointement avec le procureur du Riksdag et sous sa présidence. Ces commissaires, dont deux, outre le procureur du Riksdag, seront des jurisconsultes, auront pour attribution de donner leur avis sur les demandes qui leur seront faites par les auteurs ou imprimeurs, lorsqu'un écrit leur sera soumis avant l'impression avec réquisition d'avoir à décider s'il peut être poursuivi d'après la loi sur la liberté de la presse; cet avis devra être rendu par écrit par le procureur du Riksdag et trois au moins des commissaires, dont un jurisconsulte. S'ils déclarent que l'impression peut avoir lieu, l'auteur et l'imprimeur seront dégagés de toute responsabilité, et celle-ci retombera sur les commissaires.

§ 109. — La session ordinaire du Riksdag ne pourra être close avant quatre mois, à compter de son ouverture, si ce n'est sur la demande du Riksdag lui-même, à moins que le Roi n'ordonne, de la manière prescrite à la loi organique, de nouvelles élections aux deux Chambres ou à l'une d'entre elles, auquel cas le Riksdag se réunira au jour fixé par le Roi pendant les trois mois de la dissolution, et la session, qui reprendra le caractère de session ordinaire, ne pourra plus être close avant que quatre mois se soient écoulés depuis la nouvelle réunion. — Les sessions extraordinaires du Riksdag pourront être closes par le Roi quand il le jugera convenable; elles doivent toujours être terminées avant l'époque fixée pour l'ouverture des sessions ordinaires. — Si, contre toute attente, le Riksdag, au moment de sa clôture, n'avait pas réglé le budget, ou qu'il n'eût pas voté de nouveaux subsides[1] au montant fixe, le budget et les subsides précédents seront maintenus jusqu'à la prochaine session. Si le montant des subsides est déterminé, mais que les Chambres soient en désaccord sur la répartition, les divers articles de la dernière loi sur les subsides seront augmentés ou diminués dans la proportion existant entre le montant de la contribution établie et celui de la contribution qui aura été répartie par le Riksdag à la session précédente; le Riksdag chargera ses commissaires à la Banque et à la Caisse de la dette publique d'élaborer et de rédiger sur ces bases une nouvelle loi sur les subsides.

§ 110. — Aucun membre du Riksdag ne pourra être poursuivi ni privé de sa liberté à raison de ce qu'il aura fait ou dit en cette qualité, si la Chambre à laquelle il appartient ne l'a autorisé par une résolution expresse, à la majorité des cinq septièmes au moins des votants. Aucun membre du Riksdag ne pourra non plus être expulsé du lieu où se tient le Riksdag. Si quelque particulier ou quelque corps militaire ou civil, ou quelque réunion, sous quelque nom que ce soit, de son propre mouvement ou sur l'ordre d'autrui, tente d'exercer des violences contre le Riksdag, ses Chambres ou comités, ou l'un de ses membres, ou de troubler la liberté des délibérations et décisions, ce fait sera réputé trahison, et il appartiendra au Riksdag de faire poursuivre les coupables dans les formes légales. — Si un membre du Riksdag est inquiété en paroles ou en actes, pendant la durée des sessions ou dans le cours du voyage pour se rendre au Riksdag ou en revenir, lorsque cette circonstance sera connue, on appliquera les dispositions du Code relatives aux violences et outrages contre les fonctionnaires du Roi dans l'exercice ou à l'occasion de leurs fonctions. Il en sera de même dans le cas où les commissaires, les réviseurs ou le procureur du Riksdag, les secrétaires ou employés de l'une des Chambres ou de l'un des comités subiront des violen-

1. Pour les subsides, voyez § 60. — Note de l'auteur.

ces ou des outrages dans l'exercice ou à l'occasion de leurs fonctions.

§ 111. — Si un membre du Riksdag est inculpé d'un délit grave, il ne pourra être arrêté avant que le juge, après instruction, n'en ait reconnu la nécessité, à moins qu'il n'ait été pris en flagrant délit ; toutefois, s'il ne comparaît pas sur le mandat du juge, il sera procédé conformément aux dispositions de la loi générale sur ce sujet. Aucun membre du Riksdag ne pourra être privé de sa liberté, si ce n'est dans les cas prévus à cet article et à l'article précédent. — Les commissaires de la Banque et de la Dette du Royaume, et les réviseurs du Riksdag ne pourront, dans l'exercice ou à l'occasion de leurs fonctions, recevoir d'ordres que du Riksdag seul, et en conformité avec les instructions données par lui ; ils ne pourront non plus être soumis à aucune responsabilité ni reddition de comptes, si ce n'est sur une décision du Riksdag.

§ 112. — Aucun fonctionnaire ou employé ne devra user de son autorité pour exercer une influence illicite sur les élections au Riksdag, à peine de destitution.

§ 113. — Les taxateurs chargés d'appliquer au nom du Riksdag les prescriptions relatives aux impôts annuels ne pourront être soumis à aucune responsabilité à raison des taxes et évaluations par eux faites.

§ 114. — Les privilèges, prérogatives, droits et libertés des anciens Ordres du royaume resteront en vigueur à moins qu'ils ne se rattachent indissolublement au droit de représentation qui appartenait autrefois aux Ordres, et qu'ils n'aient disparu avec ce droit. Ils ne pourront être modifiés ou abrogés que par décision conforme du Roi et du Riksdag, et, s'il s'agit des privilèges, prérogatives, droits et libertés de la noblesse ou du clergé, du consentement de la noblesse dans le premier cas, et dans le second, du synode général.

INDEX ALPHABÉTIQUE

G

H

I

K

L

R

S

IMPRIMERIE FRANCIS SIMON, RENNES

OUVRAGES PUBLIÉS A LA MÊME LIBRAIRIE

LUCHAIRE (ACH.). **Histoire des institutions monarchiques de la France sous les premiers Capétiens (987-1180).** 2e édition revue et augmentée, 1891. — 2 vol. in-8°......... **10** francs.

BORELLI DE SERRES (Le colonel). **Recherches sur divers services publics du XIIIe au XVIIe siècle.** Tome I. *Notices relatives au XIIIe siècle.* 1 vol. in-8°, phototyp.).. **10** francs.
Tome II. *Notices relatives au XIVe siècle,* 1904. 1 vol. in-8°, tableaux.. **10** francs.

DONIOL (H.). **Serfs et Vilains au Moyen-Age,** 1900. — 1 vol. in-8°.. **4** francs.

GUILHIERMOZ (P.). **Essai sur l'origine de la noblesse en France au Moyen-Age,** 1902. In-8°....................... **8** francs.

TARDIF (JULES). **Études sur les Institutions politiques et administratives de France** : *période mérovingienne.* I, 1881. — 1 vol. in-8°.................................. **5** francs.

BEAUMANOIR (PHILIPPE DE). **Coutumes de Beauvaisis,** texte critique publié avec une introduction, un glossaire et une table analytique par AM. SALMON, ancien élève de l'École des Hautes-Études. — 2 vol. in-8°........................ **25** francs.

Lois de Guillaume le Conquérant *en français et en latin,* textes et études critiques publiées par JOHN E. MATZTKÉ, professeur de langues romanes à « Leland Stanford Junior University » (Californie), avec une préface historique par CH. BÉMONT, 1899. — 1 vol. in-8°.................................. **2** fr. **25**

JACQUETON (G.). **Documents relatifs à l'administration financière en France, de Charles VII à François Ier (1443-1523),** avec introduction. — 1 vol. in-8°.................. **8** francs.

FAGNIEZ (GUSTAVE). **Documents relatifs à l'histoire de l'industrie et du commerce en France** : I. *Depuis le Ier siècle avant Jésus-Christ jusqu'à la fin du XIIIe siècle,* publiés avec une introduction. — II : *XIVe et XVe siècles,* avec une introduction et un glossaire des mots techniques. — 2 vol. in-8°. **19** francs.

L'Ordonnance cabochienne (mai 1413), publiée avec une introduction et des notes, par M. A. COVILLE, professeur à l'Université de Lyon. — 1 vol. in-8°.......................... **5** fr. **50**

BÉMONT (CH.). **Chartes des libertés anglaises (1100-1305),** publiées avec une introduction et des notes. — 1 vol. in-8°... **4** fr. **50**

LANGLOIS (CH.-V.). **Textes relatifs à l'histoire du Parlement depuis les origines jusqu'en 1314.** — 1 vol. in-8°. **6** fr. **50**

www.ingramcontent.com/pod-product-compliance
Ingram Content Group UK Ltd.
Pitfield, Milton Keynes, MK11 3LW, UK
UKHW022049260726
13993UKWH00001B/12